新制造

「智能+」赋能制造业转型升级

豆大帷 著

中国经济出版社
CHINA ECONOMIC PUBLISHING HOUSE
·北京·

图书在版编目（CIP）数据

新制造："智能+"赋能制造业转型升级／豆大帷著．
—北京：中国经济出版社，2019.7（2024.8重印）
ISBN 978-7-5136-2337-7

Ⅰ.①新… Ⅱ.①豆… Ⅲ.①制造工业—工业发展—研究—中国 Ⅳ.①F426.4

中国版本图书馆CIP数据核字（2019）第134428号

责任编辑　张梦初　杨元丽
责任印制　巢新强
封面设计　任燕飞

出版发行	中国经济出版社
印 刷 者	北京建宏印刷有限公司
经 销 者	各地新华书店
开　　本	710mm×1000mm　1/16
印　　张	16.5
字　　数	210千字
版　　次	2019年7月第1版
印　　次	2024年8月第2次
定　　价	52.00元

广告经营许可证　京西工商广字第8179号

中国经济出版社 网址 www.economyph.com 社址 北京市西城区百万庄北街3号 邮编 100037
本版图书如存在印装质量问题，请与本社发行中心联系调换（联系电话：010-68330607）

版权所有　盗版必究（举报电话：010-68355416　010-68319282）
国家版权局反盗版举报中心（举报电话：12390）　　服务热线：010-88386794

自 序

2019 年 3 月 5 日，全国两会《政府工作报告》中明确指出："推动传统产业改造提升。围绕推动制造业高质量发展，强化工业基础和技术创新能力，促进先进制造业和现代服务业融合发展，加快建设制造强国。打造工业互联网平台，拓展'智能+'，为制造业转型升级赋能……强化质量基础支撑，推动标准与国际先进水平对接，提升产品和服务品质，让更多国内外用户选择中国制造、中国服务。"

不难看出，"智能+"已经成为推动制造业转型升级、实现我国从制造大国转变为制造强国的重要推力。当前，由人工智能、物联网等新一代信息技术驱动的第四次工业革命已经席卷全球，深刻影响了全球制造业的经济形态、生产方式、竞争格局。

与此同时，我国经济正处于转变发展方式、优化经济结构、转换增长动力的攻关期，面临新老矛盾交织，周期性、结构性问题叠加等风险。这种背景下，推动制造业高质量发展，加快新旧动能转换，为我国经济发展增添新动能，将具有非常重要的现实意义。

"智能+"驱动的制造业转型并非是由单一技术主导，而是多种新型技术的集群式创新、融合发展与突破，涉及研发、设计、供应链、工厂、营销、销售、服务等产业链的所有环节。小到一支圆珠笔，大到整个产业、经济和社会，都能体现一个国家的制造业发展水平乃至综合国力。

近年来，我国在 5G、集成电路等诸多基础性产业领域取得了重大突破。比如：在 5G 方面，工信部信息通信发展司司长闻库指出："目前 5G 技术和产品日趋成熟，系统、芯片、终端等产业链主要环节已基本达到商用水平，具备了商用部署的条件。"在集成电路方面，中国是全球规模最大、增速最快的集成电路市场，形成了长三角、珠三角、京津环渤海以及中西部地区多极并举的发展格局。

而基础性产业的突破，能够为制造业转型提供巨大推力。工信部公布的数据显示，2018 年，我国高技术制造业、装备制造业增加值同比分别增长 11.7% 和 8.1%，其中电子制造业增长 13.1%，明显快于整体工业增速。

不过，这并不意味着我国基础性产业整体水平已经达到了发达国家的高度。以制造业的关键支撑性产业新材料为例，由于基础研发能力不足、企业创新能力匮乏、产用结合深度不足、要素协同联动机制不完善等，导致我国新材料产业明显滞后于装备制造，对重大装备、重大工程的落地应用带来了较大的负面影响。

与此同时，大型装备制造仅是制造业众多垂直领域之一，我国想要真正成为制造强国，需要实现制造业整体的全面发展。和德国、日本等制造强国相比，我国缺少在专业领域"小而精""小而专""小而强"的制造企业，对劳动力和原材料成本优势有较高的依赖性，容易造成产品同质化竞争、利润微薄、生存困难等诸多问题。

从诸多国家的实践经验来看，推动制造业的转型升级不是一蹴而就的，而是一个庞大而复杂的系统工程。在整体发展目标上，我们要注重构建中国制造业的核心竞争力，力争为全球制造业发展做出原创性贡献；在具体发展策略上，我们要着重加强知识产权保护，引导企业创新求变，补足产业研发基础能力。

把握研发和制造全球化、网络化、协同化的主流趋势，积极构建制造

自 序

业全球研发创新网络，走整合供应链、延伸产业链、拓展服务链、提升价值链的体系化发展之路。基于制造强国建设实际需要，培育高素质专业技术人才，特别是创新型、高端复合型技术领军人才。

以技术创新为核心驱动力的同时，强调差异化定位和错位发展，避免地方政府、各行业及企业盲目跟风引发的重复建设和资源浪费问题。正确处理政府和市场的关系，政府在确保市场在资源配置中发挥决定性作用的前提下，做好产业结构优化、保障公平竞争、弥补市场失灵、维护产业安全等重点工作；深化体制机制改革，革新产业治理模式，完善法律法规和政策监管体系，为制造业转型提供优良的制度环境。

作为亚当·斯密的忠实信徒，我始终坚信制造业对于国民经济而言，是立国之本、兴国之器、强国之基。因此，1993 年大学毕业后，我与许许多多怀揣实业报国理想的年轻人一样，投身到制造业的创业浪潮中。在此后的 20 多年时间里，我一直从事与制造业相关的生产经营活动。

我创立的深圳咏华盛世技术有限公司，是一家集智能车载产品研发、一体化生产和销售的高新技术企业，产品专攻汽车后市场，致力于为客户提供车联网整体解决方案。凭借专业的技术团队和创新研发能力，我公司已经申请多项国家专利和软件著作权，并获得"国家高新技术企业""深圳市高新技术企业"等多项荣誉。

近两年来，受惠于国家产业政策，公司不断发展壮大。已经在车载领域拥有大份额市场，并与微软、联咏等众多世界级企业展开深度合作。

作为一名已经在装备制造业领域深耕二十多年的"老兵"，我根据当前全球制造业的政策环境、产业现状及未来趋势，结合自己对海外项目的考察与思考，从智能制造、工业 4.0、个性化定制、智能化生产、服务型制造、工业机器人等不同视角出发，创作了《新制造："智能＋"赋能制造业转型升级》一书，试图勾勒出我国制造产业的未来发展图景，冀望于为产业政策制定者、制造企业管理者、创业者提供一些有益的建议与思考。

改革开放40年来，我国制造业加速迈向"中高端"，并取得了举世瞩目的成就，培育出了华为、格力、小米、海尔、大疆创新等一大批国际领先的行业龙头企业。我们有理由相信，在政策红利、资本涌入、企业积极创新等多重利好因素驱动下，在更为广阔的领域将涌现出更多享誉世界的中国品牌，为中国制造业的产业转型和升级注入源源不断的活力与发展动力，使科技造福亿万民众！

豆大帷

2019年7月1日

中国·深圳

前　言

改革开放至今，中国制造业取得了举世瞩目的成就。作为世界第一制造大国，我国500多种主要工业产品中有220多种产量位居世界第一，但整体来看缺乏核心竞争力，"大而不强"成为中国制造业挥之不去的梦魇。2018年10月23日，工信部副部长辛国斌在国新办发布会上表示："2010年以来，中国制造业规模全球最大，但是和发达国家相比大而不强，制造业的能力和水平还有很大差距，当前制造业发展的重点任务就是要解决关键核心技术问题。"

为了推进制造业发展，我国将其提升至国家级战略高度，实施制造强国战略，国务院成立了国家制造强国建设领导小组，负责推进实施制造强国战略，加强对有关工作的统筹规划和政策协调，并出台了第一个十年的行动纲领"中国制造2025"，分"三步走"实现制造强国的战略目标。

然而，国家从顶层设计高度上进行的战略规划，更多的是提供制造业转型的宏观方向，如何具体实施与执行，需要更为系统、更为落地的方法论，尤其是那些挣扎在生死线上的中小制造工厂，它们无力承担较高的试错成本，稍有不慎，就可能会导致破产。缺乏实操性的指导与帮助，成为阻碍传统制造企业转型的一大痛点，而马云提出"新制造"

概念，并推动阿里积极布局新制造，可谓正当其时。

系统梳理马云关于"新制造"的观点与看法进行，总结借鉴阿里新制造实践案例，对广大中国制造企业转型升级，实现从制造大国向制造强国转变，具有十分重要的现实意义，这也是作者撰写《新制造："智能+"赋能制造业转型升级》一书的初衷。

满足人民美好生活需要是新制造的价值所在，更是中国制造企业的时代使命，为此，中国制造企业需要充分满足民众现有需求、挖掘潜在需求、创新引领新需求，从而滋养企业、驱动发展、树立品牌。

显然，这不是仅靠制造企业本身就能实现的，而是需要和零售企业合作，精准对接个性需求，得到零售大数据支持；和金融机构合作，拓宽融资渠道，为运营管理提供必要的资金支持；和技术服务商合作，促使企业完成数字化、智能化转型，以较低的成本获得云服务资源；和物流企业合作，缩短产品交付周期，提高供应链整体运行效率等。

也就是说，发展新制造并非是孤立的发展制造业，而是要和新零售、新金融、新能源、新技术协同发展，搭建一个政府指导、企业主体、行业服务、社会支持、合作共赢的开放平台。

科技创新是发展新制造的核心驱动力，科技部组织制定的《"十三五"先进制造技术领域科技创新专项规划》中指出，先进制造业特别是高端装备制造业已成为国际竞争的制高点，要构建以互联网为代表的信息技术和制造业深度融合的创新发展模式，从"系统集成、智能装备、制造基础和先进制造科技创新示范工程"四个层面，围绕智能工厂、智能机器人、工业传感器、智能装备与先进工艺等13个重点方向开展重点任务部署。

本书紧扣制造业转型的热点焦点问题，基于制造强国战略整体部署，就"如何通过人工智能重塑全球制造业价值链""如何利用大数据

前言

赋能制造业数字化转型""企业如何建立柔性制造系统""如何布局服务型制造""如何打造智能化工厂"等问题进行了深入的、建设性的研究与分析，号召中国制造企业在新制造崛起掀起的产业革命浪潮下，争当转型发展"排头兵"，有责任意识与担当精神，成为中国制造业转型升级的实践者、驱动者、引领者。

可以说，发展新制造既是响应制造强国战略，又是经济发展与产业结构调整、应对国际产业竞争、促使中国制造在全球产业价值链中从低端向高端转移的必然选择。本书分为六大部分，对新制造的提出背景、政策环境、内涵特征、实施路径等进行了全面而深入的系统分析，希冀能够给读者、决策者、高校、研究机构、制造企业提供有益的借鉴和启示。

中国已经初步建成世界最大、最完善的工业体系，而新制造是富有活力与创造力的先锋，将引领中国制造开启一场前所未有的重大产业革命。面对大量涌现的智能制造、工业大数据、柔性化制造、智慧车间、数字化工厂等新兴业态，很多制造企业感到眼花缭乱，找不到合适的着力点，更不用说为企业制定合适的转型策略与方案。为了解决这一问题，作者在书中对这些新兴业态进行了详细分析，并列举了国内外制造巨头的实践案例，可以很好地为中国制造企业答疑解惑。大数据、云计算、区块链、人工智能是极具颠覆性的时代前沿领域，探索其在制造领域的实践应用，对中国制造企业构建核心竞争力具有极为重要的价值，对于这些内容，作者也不吝笔墨，以飨读者。

建设制造强国的愿景已经织就，新制造将成为这个东方大国赢得未来的强大驱动力。新制造毕竟是一个新事物，本书是作者对自身的观察思考与从业经验凝练而成，由于个人知识和精力有限，书中难免出现问题和纰漏，恳请各位读者提出批评意见和建议，同时，目前市场中关于

"新制造"的书籍相对较少，希望本书的出版能够让更多有能力和实力的专家学者参与到"新制造"知识大厦的建设中来，为中国制造转型升级，为满足人民日益增长的美好生活需要贡献更多的民间智慧和力量。

目 录

CHAPTER 1　顶层设计：从制造大国向制造强国转型

1.1　迈向制造强国之路　/3
我国制造业的机遇与挑战　/3
从制造大国迈向制造强国　/6
制造强国与"中国制造2025"　/10
培育我国工业转型发展新动能　/14
主攻方向：实施智能制造战略　/17

1.2　全球战略：引领新一轮制造业革命　/21
美国：先进制造业领导力战略　/21
德国："工业4.0"战略　/23
日本：机器人新战略　/25

1.3　重新定义"中国制造"　/29
马云为何频繁提及"新制造"？　/29
新制造模式的八个要素　/31
数据驱动的制造业变革　/35

新制造时代的进阶路径　/39
基于新制造理念的模式创新　/42

1.4 阿里的"新制造"战略布局　/46
淘工厂：赋能工厂数字化改造　/46
阿里云：打造云制造服务平台　/50
阿里达摩院：布局"中国芯"　/52
天猫平台：新零售驱动新制造　/55

CHAPTER 2　新技术：万物互联驱动"新制造"

2.1 人工智能：开启全新制造时代　/63
AI 技术与制造业的深度融合　/63
重塑全球制造业价值链　/65
从人工智能到智能制造　/68
"AI + 制造"的智能化场景　/69
"AI + 制造"的转型痛点与路径　/72

2.2 工业物联网：制造业的智能变革　/76
工业物联网的概念与内涵　/76
工业物联网的发展现状　/78
工业物联网的关键技术与难点　/80
工业物联网在制造业的主要应用　/83

2.3 工业大数据：赋能数字化转型　/86
新一轮产业革命的核心驱动力　/86
工业大数据的特征与应用　/88

工业大数据的重点技术方向 /91
案例实践：工业大数据的魔力 /95

2.4 区块链：工业4.0下的制造新思维 /98
区块链与工业4.0战略 /98
区块链对制造业的价值 /100
基于区块链技术的智能制造 /103
区块链在制造业的应用场景 /104

CHAPTER 3 个性化制造：用户驱动的商业新范式

3.1 C2B模式：基于个性化的大规模定制 /111
C2B开启个性化定制时代 /111
平衡个性化与规模化 /115
数据驱动下的C2B定制 /117
大规模定制化的实施策略 /119

3.2 按需生产：重构与消费者的关系 /123
精准对接用户的个性化需求 /123
按需生产模式的关键技术 /126
按需生产模式的战略框架 /129
基于3D打印的个性化生产 /132

3.3 柔性制造：助力制造业提质增效 /135
柔性制造的内涵与体现 /135
柔性制造模式优势与价值 /137
柔性制造技术的类型划分 /139

柔性制造模式的关键技术 /141
企业如何打造柔性制造系统 /142

CHAPTER 4　服务型制造：制造业的服务化转型

4.1　从传统制造向制造业服务化转型 /149
以服务为导向的制造业升级 /149
国外制造业服务化的发展现状 /151
我国制造业服务化发展现状 /152
全球制造业服务化的发展趋势 /155

4.2　云制造：面向服务的网络化制造 /158
云制造的理念：制造即服务 /158
国内外云制造模式的应用发展 /159
基于按需供应模式的云制造服务 /161

4.3　我国制造业服务化的实现路径 /164
"互联网＋制造业服务化" /164
制造企业的服务化转型路径 /168
推动制造业服务化的对策建议 /169

CHAPTER 5　数字化制造：构建智能制造新图景

5.1　智能制造：体系构建与行动路径 /177
制造业智能化、数字化转型 /177
路径一：精益化生产 /179
路径二：个性化定制 /180

路径三：自动化流程 /183

　　　路径四：全球化布局 /185

　　　路径五：数字化建设 /186

　　　路径六：智能化升级 /188

5.2 **数字化工厂：工业4.0的实践之路** /190

　　　数字化工厂的概念内涵与优势 /190

　　　数字化工厂与工业4.0 /192

　　　数字化工厂的实践路径 /194

　　　数字化工厂建设面临的主要挑战 /198

　　　数字化工厂在制造领域的应用 /201

5.3 **智能化工厂：构建精益生产系统** /204

　　　智能工厂建设的体系架构 /204

　　　智能工厂建设的三种模式 /206

　　　智能工厂建设的重点环节 /210

　　　智能工厂的五大产业链 /215

CHAPTER 6　工业机器人：人机融合时代的来临

6.1 **正在席卷全球的机器人革命** /221

　　　国家战略下的"机器人革命" /221

　　　世界各国的机器人发展战略 /224

　　　机器人产业分类及市场规模 /226

　　　机器人产业发展趋势和应用场景 /229

6.2 掀起新一轮的工业革命浪潮 /232

　　工业机器人崛起的驱动因素 /232

　　实现智能制造的重要基石 /234

　　基于工业机器人的自动化系统 /237

　　工业机器人的分类与应用场景 /239

后　记 /243

CHAPTER 1

顶层设计：
从制造大国向制造强国转型

1.1　迈向制造强国之路

我国制造业的机遇与挑战

近年来，随着国内外经济的不断发展，我国制造业发展面临的内外环境发生了很大的变化。在国内环境方面，我国经济发展进入新常态，表现出了以下三大特点：第一，经济增长速度放缓，从高速增长变成了中高速增长；第二，经济结构优化，服务业、消费需求逐渐成为主体，城乡差距逐渐缩小，经济发展成果逐渐为广大群众所共享；第三，经济发展动力发生了变化，从要素驱动逐渐向创新驱动转变。

当前，全球制造业领域掀起了新一轮革命，国际经济、贸易与投资环境发生了深刻变革，制造业成了国家间竞争的主战场。在发达国家方面，2008 年国际金融危机之后，发达国家为了复兴本国经济相继推出了"再工业化"战略，以期在国际竞争中占据制高点；在新型经济体方面，印度、越南等新型经济体利用自己的低成本优势加快了工业化进程，以期参与国际分工，在国际市场上占据一席之地。除此之外，新一轮产业革命与技术革命也对全球分工格局产生了重要影响。

在此环境下，我国必须找到一条全新的发展之路，找到推动我国经济发展的新动力，形成新的竞争优势，要想做到这一点就必须做大做强制造业。

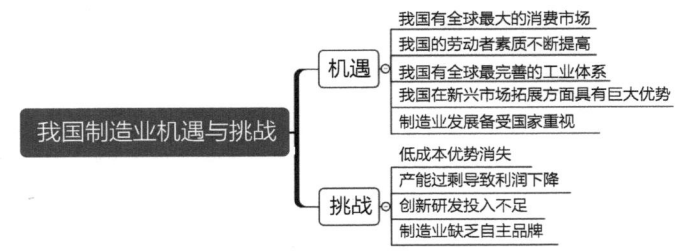

图 1-1　我国制造业面临的机遇与挑战

◆ **我国制造业面临的机遇**

当然挑战与机遇并存，中国制造业在发展的过程中不仅面临诸多挑战，也面临着重要的战略机遇。具体来看，我国制造业发展所面临的重要战略机遇有以下几点：

（1）我国有全球最大的消费市场。2018 年，我国国内生产总值（GDP）首次突破 90 万亿元大关。2018 年，全国居民人均可支配收入达 28228 元，与经济增长基本同步。全年全国居民人均消费支出 19853 元，增速比 2017 年高出 1.3 个百分点。这说明我国居民的购买力在不断增强，消费能力得到了显著提升。

（2）我国的劳动者素质不断提高。2018 年，我国高校毕业生人数达到 820 万人。随着劳动力素质的不断提升，我国满足跨国公司用人标准的人才越来越多，从而吸引了越来越多的跨国公司在我国设立研发总部。对于我国的制造企业来说，高素质人才已成为其参与国际竞争的一个新优势。

（3）我国有全球最完善的工业体系。我国是世界上唯一一个拥有联合国公布的所有工业门类的国家，其中工业大类 41 个，中类 191 个，小类 525 个，所拥有的工业体系最完备，产业配套能力最强。对于我国制造强国的建设来说，这是极其重要的基础。

（4）我国在新兴市场拓展方面具有巨大优势。当前，很多新型经济体都加快了工业化、城市化、信息化建设步伐，聚焦基础设施建设与产业园区的发展。在这方面我国有丰富的经验，且工业体系完备，产业配套能力较强。再加上我国与这些新兴经济体处在同一发展阶段，消费偏好与技术偏好相似，所以在与这些新兴经济体开展产能合作、拓展新兴市场方面我国的竞争力更强。借助这一优势，我国能稳步实现产业结构的调整与转型升级。

（5）制造业发展备受国家重视。政府为制造大国向制造强国的转型升级创造了一个良好的政策环境，不仅为制造业的转型发展提供了良好的机会，也为制造业服务的服务业提供了全新的发展机遇。

◆ 我国制造业面临的挑战

经过过去40年的发展，制造业已经成为中国经济的支柱产业。来自发改委的数据显示，制造业不但为中国贡献了超过三成的GDP，其总规模也占到了全球20%左右，位居世界第一。但多年来的高速发展也让中国制造逐渐遇到新的瓶颈，从宏观层面看主要体现在如下四个方面：

（1）低成本优势消失。此前，人口红利带来了丰富廉价的劳动力，再加上政府从土地、税收等多方面为制造企业提供支持，同时，环境保护意识淡薄，企业违法违规成本较低，为高污染、高能耗的制造企业提供了生存沃土。如今，人口红利日渐消失，中国经济进入调结构、去产能的新常态，环保体系日益完善，违法违规企业面临高额罚款甚至关停的严厉惩罚，低成本优势逐渐丧失。

（2）产能过剩导致利润下降。制造企业在规模方面也面临不利因素。此前，人们的购买力较低，个性需求被抑制，生产力不足，使商品供不应求，制造企业只需要批量生产即可获得丰厚利润。但如今，各行业出现不同程度的产能过剩，再加上人们越发强调个性化、差异化，大规模批量生产很容易让制造企业面临较大的库存压力。

（3）创新研发投入不足。我国传统制造科技含量低，大部分制造企业处于产业价值链中的低端环节，投入大量人力、物力，却仅能获得极低的利润。以富士康为例，作为苹果公司最重要的代工企业，富士康每组装生产一部 iPhone，只能赚取 4 美元的代工费，而大部分利润都被苹果攫取了。

（4）制造业缺乏自主品牌。很多以外贸加工为主营业务的中国制造企业没有自主品牌，仅从事简单的加工组装工作，创新能力严重匮乏，在世界经济持续低迷背景下，外贸订单严重萎缩。同时，我国人口红利逐渐消失导致人力成本不断提升，土地、厂房、原材料等成本也不断增长，在这种情况下，大量中小制造企业倒闭就成为一件很自然的事情。

从制造大国迈向制造强国

当前，我国经济发展进入了新常态，变化速度越来越快，结构有所调整，发展动力有所转变，我国经济发展的这一转变趋势与追赶型后发经济体的一般发展规律相符。现阶段，我国尚未完全实现工业化、城市化，正在从上中等收入国家向高收入国家转变，工业化进程正在努力向后期阶段迈进，而经济新常态就是这一发展形势的直接体现。我国经济要想向分工更复杂、形态更高级、结构更合理的阶段转变，就要适应经济新常态的要求。

需要注意的是，经过 40 年的高速发展，我国经济增长的基本动力发生了巨变。过去，我国经济发展依赖于廉价且优质的劳动力、规模庞大的内部市场、国外先进技术的引进、政府推动及资源动员能力。当前，我国的经济发展形势发生了改变，供需情况、约束条件发生了明显的变化，在这种形势下，经济要想实现持续、稳定地发展就必须转变经济增长动力及发展方式。其中经济增长动力要从要素驱动增长转变为创新驱动增长；经济发展方式要从规模速度型粗放增长转变为质量效率型集约增长。在经济新常态下，我国经济能否提升发展水平、迈进更高的发展阶段，新旧发展动力能否顺利、平稳地实现对接是关键。

在国际环境方面，当前，全球制造业的发展格局正处在深刻变革阶段。近年来，全球经济与贸易环境发生了很大的变化，大国参与全球产业分工，对全球产业链、价值链的争夺全部聚集在了制造业领域。

一方面，2008年国际金融危机过后，美国、德国、日本等发达国家提出了"再工业化"战略，比如美国提出了"先进制造业伙伴关系计划"，德国提出了"工业4.0"战略，等等，以期在国际竞争中抢占制高点。另一方面，印度、越南等新兴经济体也利用自身劳动力成本低、土地成本低等优势加速了工业化进程。

另外，全球正在开展的新一轮产业革命与技术革命也使全球分工格局深受影响。在云计算、新材料、数字信息技术、3D打印技术等新技术的作用下，传统分工格局（发达国家技术、高收入国家市场、发展中国家劳动力）被彻底打破，智能制造、全球化营销、分散化生产、制造业服务化成了新的发展趋势，美国、日本、英国、德国等处在制造业高端的国家具有非常明显的相对竞争优势。

在此情况下，我国经济发展必须找到一条全新的道路，形成经济增长新动力，构建新的经济增长优势以参与国际竞争。在这个过程中制造业是重点，也是难点。换句话说，对于我国综合国力的提升、国家安全的保障、世界强国的建设、两个百年奋斗目标的实现来说，推动我国制造业不断调整、发展、创新意义重大。

经过几十年的发展，我国已成为全球第一制造业大国，但当前我国制造业的增速不断放缓、增长动力明显不足，导致这种情况出现的原因有两点：

一方面，随着劳动力数量的减少，生产要素的成本越来越高，资源环境约束越来越强，导致我国资源密集型、劳动密集型等低端制造业的增长乏力，使得我国工业整体增长速度越来越慢。另一方面，随着经济增长速度放缓及全球产业变革的推进，我国经济快速发展积累的矛盾与风险逐渐显现了出来，比如产能过剩。为了解决产能过剩问题对经济结构进行调整、对资产进行重组又会诱发一系列问题，如部分企业倒闭、部分员工转岗或失业等。

当然，虽然经济增长速度越来越慢，但经济增长的质量效益还有很大的提升空间。从全要素生产率的来源结构方面看，制造业的质量效益比农业、服务业都要高，投资品制造业比其他制造业高，生产性服务业比其他服务业高，可贸易部门比不可贸易部门高。因为部门间的销量比发达国家的平均水平要高，所以我国的产业升级空间及生产率提升空间都比较大。

换句话说就是，在结构调整、产业转型升级方面，我国制造业的发展机遇还有很多。随着经济发展进入新常态，我国经济仍处在大有可为的重要战略机遇期，经济总体发展态势仍一路向好，只不过重要战略机遇期的内涵与条件、经济发展方式与结构有所改变。经济结构调整过程中难免会遇到诸多问题，但一旦经济结构得以成功调整，资产质量与全球竞争力都会大幅提升，我国经济才能真正实现稳定、可持续的发展。

我国工业竞争力的提升，产业空心化现象的预防、中等收入陷阱的跨越等都离不开产业转型升级。以长远目光来看，我国制造业要想长期维持其全球竞争优势，就必须加快制造业转型升级的步伐。

要想实现制造业结构转型升级，就必须先明确结构调整的目标和方向。我国制造业结构调整要以建立更加均衡的结构关系为目标、为方向，要有效平衡国内需求与国外需求、投资与消费之间的关系，推动高端制造业、传统产业、现代服务业实现均衡发展，平衡实体经济与虚拟经济之间的关系，使技术进步、劳动力素质提升成为经济增长的主要驱动力，推动我国经济朝形态更高级、结构更优化、分工更复杂的方向发展。

在经济新常态环境下，面临着转变经济增长方式、调整经济结构、推动经济实现稳定增长的重大任务，制造企业必须科学把握三者之间的关系，推动其实现平衡发展，在经济结构调整的过程中推动经济实现较快增长，同时在保持经济平稳增长的过程中也要对经济结构进行有效调整。

当然，除此之外，还要推动科技进步，实现创新驱动，培养新的经济发展动力，全面深化改革，构建与结构调整目标和任务相符的体制机制，加快对外开放步伐，提升自己在国际分工中的地位，在更大空间范围内配置资源，推动我国制造业和经济发展迈进中高端行列。

制造强国建设不仅是时代赋予的历史使命，还是适应国情的战略选择。要想从制造大国转变为制造强国，在战略、政策方面必须做出以下安排：

在过去几十年间，中国制造业的发展重点在拓展规模方面，经过不懈努力我国成为世界第一制造大国。接下来，我国制造业必须从"大"向"强"转变，发展先进制造业，提升我国传统优势产业的核心竞争力，从制造大国朝制造强国转变。那么这里的"强"要如何理解呢？要达到什么标准才是制造强国呢？简单来说，从制造大国迈向制造强国有三个非常重要的转变：

（1）从中国制造转变为中国创造；

（2）从中国速度转变为中国质量；

（3）从中国产品转变为中国品牌。

具体来看就是，我国从制造大国转变为制造强国，首先要提升传统产业的竞争力，推动传统产业从底层加工制造环节向两端的产品研发、设计、投融资、品牌构建、物流体系等环节延伸发展；其次要掌握核心技术，推动制造业向产业链的高端领域发展，促使加工贸易的附加值得以切实提升。

只有处在价值链高端地位及产业链的核心环节，中国企业才能切实提升自己的核心竞争力。纵使在这个过程中会淘汰一大批制造企业，但存活

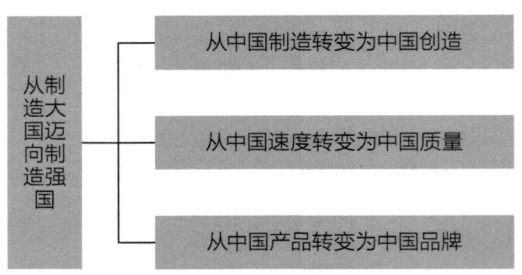

图1-2 从制造大国迈向制造强国

下来的制造企业更强,如此我国才能完成制造强国的建设。

在我国的国民经济中,工业是基础,是未来经济发展的支柱。中国制造强国、经济强国的构建离不开强大的工业体系和具有国际竞争力的企业。当前,我国具有世界影响力、竞争力的企业太少,因此为了实现成功转型,我国必须构建一批具有国际竞争力及影响力的企业。

环境创造是我国制造业发展的核心,在环境创造的过程中必须做好知识产权的保护工作。今后,制造业无法再凭借"山寨"方式获得长期发展。进入新的发展阶段之后,中国制造企业必须形成自己的核心竞争力,必须通过制度体系的创新、市场环境的建设和完善做好知识产权的保护工作,提升知识创新的保护水平,改善相关的政策环境。同时要放宽市场准入规则,鼓励社会资本进入制造业。另外,政府要出台相关政策,加强政策引导,鼓励制造企业创新发展。政府只有减少对市场的干预,多为企业提供政策支持,让企业成为市场创新的主体,市场经济才能迸发出无限的生命力。

制造强国与"中国制造2025"

改革开放40年来,我国经济保持高速增长,进入了经济新常态,表现出了增速换挡、动力转换、结构转型三大特征。要想在保持高速增长的同时提升产业发展水平,推动产业迈进中高端发展阶段,就必须转变经济发展方式，对产业结构进行战略性调整。在这方面，制造业是主战场。

在现代化进程中，工业化是核心。我国要想全面实现工业化就必须增加制造业体量，提升制造业实力。自20世纪中叶始，我国就开始探索工业强国之路。新中国成立后，经过60多年的努力，我国制造业终于摆脱了一穷二白的状态，构建起了门类齐全的现代工业体系，规模跃居世界第一，并从农业大国发展为现代化工业国家，最终成为具有全球影响力的经济大国。

当前，我国迈进了新的发展阶段，国家领导集体站在全球化的高度，从治国理政的角度出发提出了"制造强国"战略。该战略将引导未来10年我国制造强国的建设、未来30年我国制造强国梦想的实现。在"中国制造2025"战略的引领下，我国制造业将全面升级，从制造大国向制造强国迈进。

党的十八大以来，我国经济社会发展迈进了一个全新的阶段，表现出了新特点、新变化，党中央敏锐地把握这些变化与特点，提出了全面建成小康社区、实现中华民族伟大复兴的发展目标，鼓励全社会为"两个一百年"目标的实现而奋斗，具有战略统领、目标牵引的巨大意义。要想实现"两个一百年"的奋斗目标，我国经济、社会必须保持稳步发展、持续发展，只有如此才能打下坚实的物质基础，实现制造强国的伟大构想。

◆ "中国制造2025"的战略目标和基本方针

现阶段，我国正在从工业化中后期向工业化后期过渡。为了全面建成小康社会、实现"中国梦"，我国要在2020年基本实现工业化，尽快完成现代制造强国建设。过去、现在乃至未来，制造业都是国民经济的支柱产业，我国必须坚定不移地发展制造业。可以说，在我国现代化发展进程中，工业化的顺利实现，工业化迅猛发展势头的长期保持，全球竞争力的持续提升发挥着重要作用。

一个国家的发展离不开制造业的推动，对于我国来说更是如此，制造业是我国经济之源、强国之本。"中国制造2025"提出了"三步走"战略：

第一步，到2025年迈入制造强国行列；

第二步，到2035年我国制造业整体达到世界制造强国阵营的中等水平；

第三步，到新中国成立一百年时，我制造业大国的地位更加巩固，综合实力进入世界制造强国前列。

在此之前，我们必须对我国制造业的现状、特点、所面临的困境进行充分了解，正确认识制造业的转型升级，明确制造业的竞争力及未来的发展前景，找到制造业的转型之路。

在经济新常态环境下，企业要想尽快适应、引领这种经济发展趋势，形成经济增长新动力，就要将制造业作为发展重点与发展难点。"中国制造2025"战略提出了未来10年乃至30年引领我国制造业发展的20字方针，我国制造业要想由大变强必须贯彻落实这20字方针。

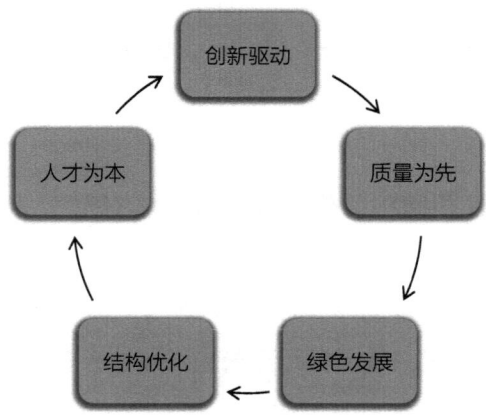

图1-3　"中国制造2025"的基本方针

CHAPTER 1　顶层设计：从制造大国向制造强国转型

（1）创新驱动

创新是推动制造业发展的主要动力。目前，我国制造业面临着创新能力缺乏、关键技术依赖进口、完善的创新体系尚未形成、产业共性技术研发能力不足、产业化主体缺失等问题。要想实现制造强国建设目标，我国必须集中全力提升自主创新能力，尽快完成国家制造业创新体系的构建，建设有利于开展创新的制度环境，引领全球创新。

（2）质量为先

高质量是制造业由大变强的重要标志。近年来，我国制造业的产品质量越来越好，技术水平越来越高，但依然存在一些问题，比如产品档次较低，行业领军企业、世界知名企业数量较少，等等。因此，制造强国建设必须注重打造质量品牌，强化企业责任，对相关的政策法规、技术标准体系、质量文化、质量监管体系进行完善，攻克质量技术难关，培育自主品牌，切实提升我国品牌的国际知名度与影响力，打造"中国品牌"。

（3）绿色发展

绿色经济是当今的经济发展趋势，也是解决资源、能源、环境问题的重要方法。无论是为了缓解经济发展对资源的依赖，还是为了提升制造业的核心竞争力，抑或是为了满足人们对绿色健康生活环境的要求，我国都必须发展绿色制造。为此，我国制造强国建设必须推动制造业实现绿色改造与升级，实现节能减排、清洁生产，打造高效、低碳、清洁、循环的绿色制造体系，推动制造业实现生态发展、文明发展。

（4）结构优化

我国制造业在整个发展过程中都在调整结构、优化布局。虽然我国的产业体系已基本形成，但依然存在结构不合理、产能严重过剩、区域发展同质化等问题。我国制造强国建设必须将高端引领、面向未来的现代产业新体系的构建视为核心任务，提升传统产业的发展水平，推动高端制造业和生产性服务业迅猛发展，引领大中小微企业实现协调发展，不断优化产业布局，走"提质增效"的发展道路。

（5）人才为本

我国制造强国建设必须以人才为保障。但目前，我国制造业领域缺乏领军人才、高端技术人才、优秀企业家、高水平经营管理人才和高素质专业技能人才，所以我国要想建设制造强国必须做好人才培养工作，构建科学合理的选人、用人、育人机制，培养一支高水平、结构合理的人才队伍，将"人口红利"转变为"人才红利"，走人才引领发展之路。

培育我国工业转型发展新动能

在"三期叠加"形势下，我国经济下行压力越来越大，深层次矛盾越来越突出，行业之间、地区之间出现了明显的分化现象，部分工业企业陷入了经营困境，经济运行形势更复杂、更严峻。要想推动经济实现稳定、持续发展，就必须夯实经济运行基础。

要落实"中国制造2025"，就必须做好短期战略和长期战略的交叉使用，以巩固制造业的发展优势，增强制造业持续发展的耐力，激活、释放市场活力，培育更多经济增长点和增长极，为下一阶段经济的发展奠定良好的基础。

◆ "中国制造2025"的9项战略任务

（1）提升国家制造业创新能力与水平；

（2）加快推进两化融合；

（3）增强工业基础能力；

（4）加强质量品牌建设；

（5）全面推行绿色制造；

（6）实现重点领域的突破式发展，聚焦新材料、高端装备、生物医药、新一代信息技术等重点领域，整合各类优质资源，进一步加快优势产业和战略产业发展进程；

（2）对制造业结构进行优化调整，促使传统产业向中高端迈进；

（3）大力推进制造业服务化转型，推动商业模式和业态创新，积极发展和制造业相关的生产性服务业，加快完善服务功能区和服务平台建设；

（4）提高制造业国际化水平，扩大对外开放，推动重点产业国际化布局，引导企业提高国际竞争力。

当前，我国制造业必须围绕智能制造、绿色发展、工业强基、高端装备创新、国家制造业创新中心建设启动一批重点项目，这些项目要具备发展需求迫切、前期基础条件好、既有利于当前发展又能实现长远发展的特点，以尽快形成有效投资，创造新的消费热点，推动产品与技术不断升级，促使重大装备尽快"走出去"，让我国的优势产能加快国际合作，实现"调速不减势、量增质更优"的发展目标。

此外，为了满足未来全球竞争的需要，我国要按照"四个全面"战略进行布局，将制造强国战略与国家整体发展战略相融，与创新驱动发展战略、对外开放战略、人才强国战略、建设网络强国战略、军民融合发展战略、"一带一路"倡议相结合，实现协同发展。同时，我国制造业在发展过程中要聚焦研发、企业、市场、人才四大产业基地，构建有利于推动产业迈进中高端发展阶段的政策体系，从而减轻企业负担，为"中国制造"向"中国创造"的转型升级保驾护航，营造鼓励企业通过发展实业致富的社会氛围。

◆ "中国制造2025"的保障体系

（1）政策保障体系

加快完善财税、金融、中小企业扶持等方面的政策保障体系：

★建立有助于提高制造业创新能力的投融资体系。对企业的投资主体地位进行明确，鼓励在重点领域具有领先优势的大型企业开展产融结合创新，建立完善的产融结合型金融平台。加快多层次资本市场体系建设，拓

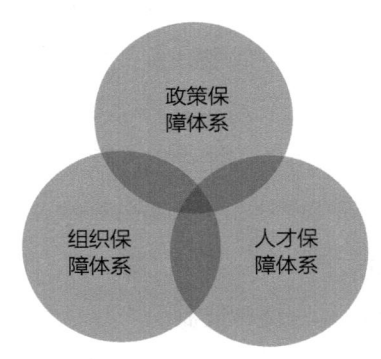

图1-4 "中国制造2025"的保障体系

宽制造企业的融资渠道，打造契合制造业金融需求的中长期资金筹集机制，降低准入门槛，使产业投资、风险投资、私募股权投资等基金能够为制造业企业的发展提供强有力的支持。

★加快研究、出台适合制造业创新发展的财税政策。对财政资金支持的方式进行创新，建立适合不同企业不同发展阶段的资本金投入体系，为重大专项工程的开展提供扶持。优化国有资本收益的使用方式，引导国有制造业企业积极开展技术创新，实现制造业结构布局的进一步优化。加快研究支持国产首台重大技术装备、首批重点新材料应用示范项目的实施细则，建立有效的首批次保险补偿机制。

★进一步完善针对中小微企业的政策和服务体系。扩大中小微企业的金融服务供给，引导更多的商业银行建立中小微企业金融服务专营机构，对金融产品与服务进行创新发展。建立中央财政持续支持的中小微企业信用担保基金与风险补偿机制，扶持中小企业信用担保机构的发展，为中小微企业融资提供保障。加强中小微企业征信体系的建设，培育更多面向中小微企业的综合服务机构，搭建中小微企业公共服务平台网络，为创业创新、融资等提供有力支持。

（2）人才保障体系

建立培养高水平管理人才、专业技术技能人才、优秀企业家等多类人才的人才保障体系。

★在培养高水平管理人才方面，要围绕企业核心竞争力构建、经营现代化管理，在企业内部开展经营管理人才的培训活动。

★在培养专业技术技能人才方面，高度重视对专业技术人才和技能人才的培养，进一步完善专业技术人才的知识更新工程，加大制造工程师的培养力度，引导合适的本科院校向职业技术学校转型，优化职业学校的专业结构，推动和实施企业的新型学徒制。

★在培养优秀企业家方面，要塑造优秀企业家成长所需要的社会环境和市场环境，完善企业家人才成长激励机制，培养一批富有创新能力、具有前瞻性战略思维、积极承担社会责任的优秀企业家。

（3）组织保障体系

建立科学合理的制造强国建设领导机制和工作机制，为实现制造强国的战略目标提供完善的组织保障体系。

★在领导体制层面上，要成立国家级制造强国建设领导小组，由其负责顶层设计及统筹规划，协调金融、科技、财税、产业等领域的政策，积极推进相关法律法规的制定与完善。

★在工作机制层面上，构建部省联动机制，使地方的活力与创造力得到充分发挥。在积极响应中央整体要求的前提下，工信部将负责各项任务的落地实施，并完善目标责任考核体系，激活组织成员的积极性与能动性。

主攻方向：实施智能制造战略

2018年5月28日，习近平总书记在中国科学院第十九次院士大会上指出："世界经济加速向以网络信息技术产业为重要内容的经济活动转变。

我们要把握这一历史契机,以信息化培育新动能,用新动能推动新发展。要加大投入,加强信息基础设施建设,推动互联网和实体经济深度融合,加快传统产业数字化、智能化,做大做强数字经济,拓展经济发展新空间。"

随着信息技术、新材料、新能源、生物技术等领域技术的迅猛发展,新一轮产业革命随之到来,全球制造业的发展格局被彻底颠覆。尤其是随着新一代信息技术和制造业的深入融合,制造业的制造模式、产业形态、生产组织方式都发生了深刻变革。

经过长期迅猛发展,我国很多领域与世界前沿领域的差距都在不断缩小,甚至有些领域已具备了足够的能力参与这一轮科技革命与产业变革,为制造业的创新发展、转型升级提供支持与助力。

在"中国制造2025"战略中,推进新一代信息通信技术和制造业的深度融合是一个贯彻始终的话题。我国的制造业发展与发达国家不同,发达国家的制造业发展历程是工业1.0—工业2.0—工业3.0—工业4.0,我国的制造业发展是工业2.0、工业3.0、工业4.0并行,有部分领先行业目前已进入工业4.0阶段,有些行业还处在工业3.0甚至2.0阶段。

我国要想贯彻落实"中国制造2025",就必须处理好"工业2.0普及""工业3.0补课""工业4.0"赶超三个阶段间的关系,不断强化工业基础能力,提升综合集成水平,从智能制造的推广切入,构建全新的工业生产方式,推动制造业实现数字化、智能化、网络化。

持续推动工业化与信息化实现深度融合。尽快实现传统产业的改造提升,对行业生产设备进行智能化改造,促使移动互联网、大数据、云计算、物联网等信息技术在企业研发、制造、管理、服务等全流程及全产业链实现综合集成应用,推动制造业实现精准制造、敏捷制造,推动传统产业实现转型升级、创新发展。

加快智能制造的发展进程,推动智能核心装置实现深度应用,加快智能制造生态系统的构建，建设数字化车间与智能化工厂，促使装备与产品的智能化水平不断提升，不断壮大高端产业的规模，提升高端产业的发展水平。

智能制造经过几十年的探索，建立起一系列发展模式，诸如柔性制造、数字化制造、精益生产等。制造业企业通过应用这些模型加快了自身的智能化转型步伐，但不同的企业采用不同的发展模式，选择的技术路线也各不相同，在进行智能转型的过程中面临许多问题。在这种情况下，制造企业应该从多样化的技术、模式、理念中归纳出通用的模式。

在信息化水平不断提高的背景下，可以将智能制造的通用发展模式概括为以下三种：数字化制造、数字化网络化制造、数字化网络化智能化制造。最后一种智能制造发展模式，也就是我们所说的"新一代智能制造"。企业对这三种模式的实践是循序渐进的，在这个过程中，信息技术与制造技术之间的融合程度不断加深，多种先进技术的融合应用逐渐提高了制造业发展的智能化水平。

智能制造的第一种发展模式为数字化制造，也就是第一代智能制造，是早期智能制造的发展形态。智能制造的第二种发展模式为数字化网络化制造，也就是第二代智能制造，是制造业与互联网的结合发展。在数字化网络化制造模式的实践方面，德国工业4.0与美国工业互联网为其典型代表，也就是说，西方发达国家对这种模式的技术发展途径进行了成功的探索。国内工业领域积极促进制造业与互联网的结合发展，促使那些拥有数字化制造基础的企业完成了升级，转型为数字化网络化制造。而那些缺乏数字化制造基础的企业，选择同时发展数字化制造和数字化网络化制造，弥补此前存在的不足，积极追赶行业内先进企业的发展步伐。在后续发展过程中，国内制造企业仍需在数字化网络化制造领域展开深度布局。

企业要推动新型信息消费不断发展，做好工业互联网基础上的新产品、新业态、新模式的培养工作，构建充满活力的创业创新系统，引领大众创业、万众创新的热潮，坚持一边进行自主研发，一边推行开放合作，尽快完成信息技术产业体系的构建，做好下一代国家信息基础设施的建设工作，推动通信行业实现转型发展，构建完善的网络与信息安全综合保障体系，为两化深度融合、网络强国建设提供强有力的支撑。

1.2　全球战略：引领新一轮制造业革命

美国：先进制造业领导力战略

最新的《美国先进制造业领导力战略》报告于 2018 年 10 月 5 日公开发布，其制作方为美国国家科学技术委员会先进制造小组委员会，发布方为美国白宫。为了提高国家安全性、促进社会经济发展，包括美国联邦机构、州政府、地方机构、各类企业及投资者在内的许多参与主体，都为促进美国跨领域先进制造业的发展采取了一系列行动，这份报告则对他们采取的行动进行了说明与分析。

要推动先进制造业战略计划的实施，就要注重新的制造技术的开发与应用，这个过程包括以下内容。

◆ **未来智能制造系统**

（1）智能制造与数字制造：在制造活动中实现大数据分析的落地，发挥传感技术与控制技术的作用，对传统制造业进行数字化改革。将实时建模、仿真技术应用到各个生产及运营环节中，通过这种方式进行产品优化；对企业以往的生产数据、设计信息等进行深度分析，提炼这些数据中蕴藏的工艺技术；建立并实施统一标准，使智能制造组件与平台之间实现有效对接。

（2）人工智能基础设施：在工业互联网建设及发展过程中，大数据、

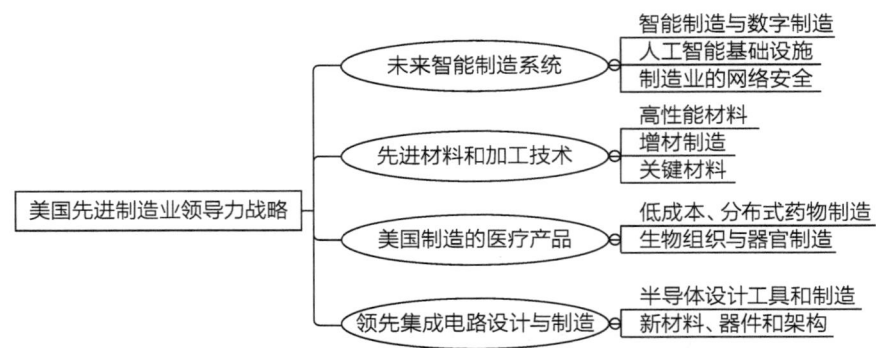

图1-5 美国先进制造业领导力战略

云计算与人工智能的综合应用能够发挥积极的促进作用,帮助制造商从同行积累的经验中获取有益的借鉴。随着先进技术在制造业中的应用,企业的制造业系统将不断趋于完善,在这个过程中,企业可以利用机器学习技术提取以往发展过程中沉淀下来的丰富知识。

(3)制造业的网络安全:在制造系统运行过程中,企业可利用人工智能技术来识别、检测与应对危机,利用区块链提高信息应用的安全性,利用工业互联网设备促进智能制造业的稳定发展,但前提是该领域要对传统的行业标准实施改革,为这些新兴技术的应用提供良好的环境。在后续发展过程中,量子器件的应用可能导致传统安全措施失效,这要求相关企业必须推出新的网络安全方法,以适应量子域的发展。

◆ **先进材料和加工技术**

(1)高性能材料:借助于高性能计算预测材料行为,制造企业既能优化产品性能,又能实现成本节约。现阶段下,研究者在通过实验开发新材料的过程中通常要投入大量的时间与精力成本,若使用材料基因组计划的相关技术,提前对先进材料的适用程度进行预测与分析,就能有效降低成本消耗。

(2)增材制造(Additive Manufacturing,后文简称AM):如果制造企

业具备科学、有效的加工参数,就能实现 AM 在整个制造过程中的应用,解决传统模式下因地域不同、设备不同而在系统化生产过程中遇到的种种阻力。AM 的应用能够为制造企业提供新的设计思路,帮助企业提高整体系统的运转效率,使其在激烈的市场竞争中处于优势地位。

(3) 关键材料:在制造业领域内,有相当一部分领先技术的开发与应用有赖于关键材料的充足供应。如果这些关键材料在供应方面出现问题,就会给整个行业乃至国家的经济发展、能源生产等带来不利影响。

◆ 美国制造的医疗产品

(1) 低成本、分布式药物制造:在药物制造方面,涉及生物制作的领先方式成为美国关注的重点,印度及亚洲的发展中国家则承担了通用药物的生产与制造工作。

(2) 生物组织与器官制造:美国的很多研发项目得到了联邦政府的支持,但相关企业要想在生物安全技术、医疗保健领域保持领先地位,就要实现这些项目的产品化转换与发展,还要避免在先进知识与制造设备方面失去优势地位。与此同时,美国要将更多注意力集中到平台技术与先进流程的开发与应用上。

◆ 领先集成电路设计与制造

(1) 半导体设计工具和制造:为了给设计者的电路设计研究与商业化应用提供相应的服务支持,美国应该拥有自己的半导体代工厂,并发展半导体材料研究所需的设计工具。

(2) 新材料、器件和架构:在应用摩尔定律的基础上,为了进一步优化产品性能,美国应该加大技术开发力度,促进量子信息系统、集成光子学、3D 系统级芯片集成、Ⅲ-Ⅴ化合物半导体等的发展。

德国:"工业 4.0"战略

2013 年 4 月,德国汉诺威工业博览会拉开帷幕,"工业 4.0"战略正式被提出，德国政府旨在通过信息物理系统（Cyber – Physical System，CPS）与信息通信技术的综合应用，将企业在生产制造环节产生的数据传送到企业的信息系统中，用云计算数据中心进行数据存储，在深度处理数据的基础上制定科学的决策，继而优化整个生产过程，促进企业的智能化升级，通过这种方式推动新一轮工业革命的开展，保证德国在世界工业领域始终占据领先地位。

在"工业4.0"战略实施过程中，企业会在每条生产线、每个生产设备上安装传感器，用于收集工厂运行过程中产生的数据，再把这些数据发送到终端设备，强化对整个生产过程的控制。在后续生产过程中，企业会根据数据处理结果解决生产过程中存在的不足，促进工厂的智能化建设，改进整体的工业控制与管理，减少资源浪费，进而达到成本节约的目的，从各个方面加快整个生产系统的运转。

（1）在产品研发环节，工业4.0应用涵盖了多项内容，比如数字化协同合作、产品虚拟化、数字化模型等。在信息化技术的支持下，产品研发周期可大幅缩短，产品研发风险将有所下降，创新效率将大幅提升。

（2）在供应链管理环节，工业4.0的应用涵盖了产品生命周期管理和供应链整合管理两个层面，内容非常丰富，包括智能工厂、生产信息化管理系统、智能供应链等，这些应用可使整个供应链的运行效率得以大幅提升，使供应链成本有所下降，促使企业进行规范化管理，提升上游供应商的质量。

（3）在售后服务环节，企业还可引入工业4.0技术让设备实现智能维护，为用户提供实时服务，创造一个数字化的工作环境，利用数字化技术提升营销效率及服务质量，尤其是售后服务质量，带给顾客更好的购物体验。

过去，在生产过程中，设备自然磨损会导致产品质量下降。当前，随着信息技术、物联网技术在生产过程中的广泛应用，管理人员可实时通过传感设备获取生产数据，及时发现设备故障，让生产过程中的各个因素都能得到精准控制，从而实现智能化生产。所以，从某种程度上来看，在"工业4.0"战略实施的背景下，智能化设备能达到的智能水平，在很大程度上取决于工厂或车间的传感器产生的大数据。

另外，从生产能耗方面来看，企业在生产过程中利用传感器对所有生产流程进行监控，可及时发现能耗异常的问题，进而对能源消耗进行实时优化。同时，对各个流程产生的数据进行分析，也能使企业的能源消耗大幅下降。

当前，那些走在世界前列的制造企业都在积极利用先进技术打造数字化的生产流程和供应链体系，这些技术包括大数据、自动系统、端到端的实时规划与互联、数字孪生等。在这些技术的支持下，企业的生产效率得以大幅提升，大规模定制化生产成为现实。但要想将数字化的潜能充分释放出来，企业还要和主要供应商、大客户建立实时互联。

日本：机器人新战略

20世纪60年代，日本经济步入高速增长期，然而日本的劳动力有限，给其经济发展带来了诸多阻碍。为了解决劳动力短缺问题，日本积极向美国工业机器人企业学习，并重视研发与创新，通过此举使其工业机器人产业得到了长足发展。20世纪80年代时，日本机器人产品在全球范围内建立了领先优势，成为日本经济稳定增长的重要驱动力。

FANUC、安川、那智不二越、爱普生、OTC等日本工业机器人品牌生产的工业机器人销往世界各地，在全球机器人市场中占据的市场份额达到了50%以上。IFR（国际机器人联盟）发布的数据显示，2016年，日本工业机器人的使用密度为303台/万人。日本工业机器人的成功崛起，和其注重配套产业体系的建设存在直接关联。微电子技术和机械电子一体化技术是机器人的两项基础性技术，而日本政府在该领域投入了大量资源，为日本工业机器人的崛起提供了强有力的支撑。同时，日本机器人企业重视传感器、控制器等机器人关键零部件的自主创新，显著提高了日本对机器人研发及应用成本的控制能力。

除了工业机器人外，服务机器人也是日本机器人企业重点发力的方向，比如，救灾机器人、医疗机器人等。通过分析不难发现，日本机器人产业的发展具有强烈的问题导向，即日本发展工业机器人主要是为了应对劳动力缺失问题，比如，救灾机器人的研发和日本地震频发问题不无关联，而医疗机器人则是为了解决形势严峻的人口老龄化问题。

◆ 三大战略目标

严重的人口老龄化、频发的自然灾害让日本的制造业发展面临许多挑战。为了应对挑战，日本国家机器人革命推进小组于 2015 年 1 月推出《机器人新战略》，明确了日本在机器人研发及应用领域的六大重要举措与五年发展计划，旨在实现机器人革命，通过完成三大战略目标来突出表现日本制造业的竞争优势，使其在全球化竞争中保持领先地位。日本机器人新战略的三大目标包括：

（1）将日本打造成世界机器人创新基地；

（2）使日本成为世界第一的机器人应用国家；

（3）迈向世界领先的机器人新时代。

《机器人新战略》提出，要在 2016 年到 2020 年，大力推进相关政策的实施，为机器人研发提供更多的资金支持，促进相关项目的有效开展。

◆ 六大重要举措

（1）一体化推进创新环境建设。日本创建了"机器人革命促进会"。其任务主要包括：协调产、学、官之间的对接，在用户与厂商之间搭建桥梁；为日本与美国联手开发自然灾害应对机器人制订初步战略规划；为数据的安全应用提供规则保障。另外，该机构还负责提供机器人技术应用的场景，促进创新基地的建设，联手日本科技创新推进小组，通过战略制定推进科技的创新发展。

（2）加强人才队伍建设。借助于职业资格机制、职业培训课程、相关机器人项目等进行人才培养；在机器人生产线开发、生产线应用方面进行人才输出；从长远发展层面入手，开设高等教育培训课程；注重机器人相关基础知识的推广，提高人们的理解能力，促使更多人掌握机器人技术的应用方法，为其普及应用创造良好的文化环境。

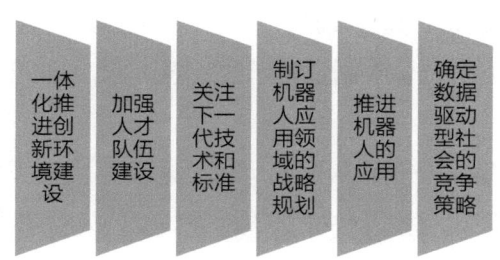

图1-6 日本《机器人新战略》六大重要举措

（3）关注下一代技术和标准。一方面，要大力开发人工智能、操作系统、监测控制、模式识别等先进技术，并促进相关技术的创新；另一方面，要及时跟进国际标准，按照标准要求促进技术应用。

（4）制订机器人应用领域的战略规划。以2020年为时间界限，对机器人技术在工程建设、基础设施建设、服务业、制造业等领域中的发展方向进行规划制订，并促进这些规划的切实执行。与此同时，对于航空航天、文化娱乐等可能实现机器人应用的行业，也应该进行战略化的指导。

（5）推进机器人的应用。通过系统集成，扩大机器人的应用范围，为技术型企业、中小企业进行机器人开发与应用提供支持与帮助。积极完善机器人应用的相关制度，发挥"机器人革命促进会"的作用，对机器人的应用行为进行规范。

（6）确定数据驱动型社会的竞争策略。在今后的发展过程中，越来越多的企业将利用机器人进行数据收集与分析。要实现日本机器人的广泛应用，通过开展平台化运营完成数据获取，并在参与国际竞争的过程中突出表现日本在这方面的优势力量。

◆ **五年发展计划**

（1）执行以下重点任务：创建机器人革命促进会、推行全球标准化战略、发展面向下一代技术、进行人才培养、加大扶持力度、打造机器人现场测试环境、考虑举办机器人奥运会、推进制度改革。

（2）针对工程建设、基础设施、制造业、服务业、自然灾害应对、食品工业、农业、林业、渔业等制定科学的发展目标，并明确各个领域的发展重点。

日本政府是机器人产业发展的强力推动者，在机器人产业发展初期，相关部门通过出台财税、投融资等支持政策，成功吸引了大量创业者及企业进入该领域，同时引导企业成立行业协会，共享信息、技术等资源，出台行业标准，提高不同品牌机器人产品的兼容性，有力地推动了机器人产品的推广普及。

1.3 重新定义"中国制造"

马云为何频繁提及"新制造"？

2018年9月19日，马云在"2018年杭州·云栖大会"上发表了以"从新零售到新制造"为主题的演讲，他表示："新制造就是基于DT时代思想的制造业，未来10~15年，传统制造业企业会非常痛苦，今天的外部环境下，在技术变革的大趋势下，依靠传统的消耗型的企业一定会越来越难，挑战也会越来越大，不拥抱新制造业的企业就如同盲人开车，你都不知道谁是你的客户，客户到底需要什么。新制造将会重新定义制造业，制造业将会重新定义客户市场，重新定义供应链，重新定义所有商业的运营和服务，一切是一场思想的革命，更是一场技术的革命。"

马云认为，未来人类社会将会进入万物互联的IoT时代，生产过程中的设备及系统运行将会产生海量数据，这些数据将成为类似土地、厂房、原料一般重要的生产资料。在大数据的支持下，制造企业将会从企业主导的B2C制造模式向用户主导的C2B制造（也就是按需定制模式）转型。

传统工业时代强调大规模批量生产，而数据时代是通过数据分析精准对接用户个性需求的柔性生产。新制造将实现制造业和服务业的融合。和单一的制造环节相比，制造背后的理念、服务用户的能力、给用户带来的感受与体验等，对企业核心竞争力的构建将更为关键。

事实上，马云在2016年的云栖大会上就曾经提到"新制造"，只不过是将新制造和新零售、新金融、新技术、新能源作为阿里"五新"战略共同提出。当时，外界将焦点主要集中在阿里的新零售战略方面，毕竟这是阿里赖以生存也是其最为擅长的核心领域。此后，阿里在新零售领域开展了广泛布局，尤其是盒马鲜生的落地让外界充分认识到了新零售物种具备的巨大发展潜能，而对于新制造、新金融等阿里布局较少，也未能像新零售一般取得较大突破的领域，外界对其关注自然相对较低。

不过，这并不影响阿里对新制造的重视。在这之后，马云又在2017年世界物联网无锡峰会、2018年首届智能博览会、2018年上海世界人工智能大会等多个公开场合阐述其对新制造的系统思考。2018年10月30日，马云在阿里巴巴股东大会前夕再次发表了对"新制造"的看法：

"制造业也在变革，未来的制造业，是制造业和服务业的完美结合，是个性化、定制化和数据化的生产，是整个行业的重生。阿里巴巴不是进军制造业，而是赋能制造业，利用人工智能、区块链和物联网等技术帮助制造业变革，帮助千千万万的制造业企业应对未来的挑战，这是我们和制造业共同的挑战，也是共同的机遇。"

作为中国为数不多的全球商业领袖，马云为何会对新制造展现出如此巨大的热情？近年来，中国互联网产业的发展势头十分迅猛，造就了阿里、腾讯、小米等跨国巨头，虽然作为实体经济典型代表的制造业也取得了长足发展，但国内并未出现具有强大国际竞争力的制造业自主品牌，各细分领域的领军者仍以德国、日本等制造强国的跨国企业为主。比如，日化领域，由宝洁、联合利华掌握大部分市场；食品饮料领域的主导品牌则是玛氏、雀巢、达能等；汽车领域的主导品牌是大众、通用、本田、奔驰、宝马等。

在蓬勃发展的互联网产业，虽然有具备较强价值创造能力的 BAT 坐镇，但绝大部分互联网企业的盈利能力是相对不足的，广大网民熟知的视频网站、音乐平台、外卖平台、打车平台等大部分网络平台尚未完全盈利，虽然这些平台早期通过补贴大战拖垮了大部分竞争对手，但至今仍未找到清晰的盈利模式，并且在这过程中浪费了上千亿元的资金，挤占了大量本该投入到实体经济的资源。

实体经济是国民经济发展的重要支柱，向来重视前瞻性战略布局的马云自然认识到了这一点。虽然以阿里系主导的电商企业对传统零售进行了颠覆性革新，让消费者可以通过随身携带的智能手机等移动终端随时随地进行购买，然而相当多的品类被海外品牌主导的局面并没有被打破，互联网的传播优势更是帮助这些海外品牌进一步巩固了优势地位。

在这种背景下，中国亟须培养一批具备自主品牌的制造企业，这类制造业不但要能和宝洁、强生、福特、通用、三星、西门子等海外品牌在国内市场抗衡，更要在国际市场体现自身的优势。自主品牌的发展一方面可以创造大量就业岗位，缓解日益增长就业压力，另一方面可以推动上游供应商持续开展产品与服务改造升级，提高产业链价值创造能力，更重要的是能够为广大消费者提供丰富多元的优质商品，满足人们日益增长的生活需要。

新零售布局初步取得的良好成果让马云意识到，在 IoT 时代来临之际，通过移动互联网、物联网、大数据、云计算、人工智能等新一代信息技术赋能制造业，培育民族制造品牌，能促使中国从制造大国转变为制造强国。

新制造模式的八个要素

实体经济的发展水平是影响一个国家国际竞争力的重要因素，而制造业是实体经济的主体。当今，提高我国制造业的发展水平，推动传统制造向新制造的转型迫在眉睫。从诸多国家的探索案例、制造业的发展现状及未来趋势来看，未来的新制造将展现出以下几个方面的特征：

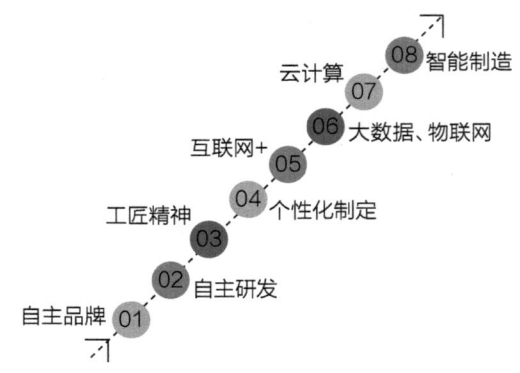

图 1-7　新制造模式的八个要素

◆ **自主品牌**

新制造必须打破过度依赖加工组装获取微薄利润的发展模式，建立自主品牌，深入分析市场环境，洞察目标用户消费需求，尤其要重视渐成新一代消费主体的 80 后、90 后。因为和父辈相比，其需求心理、购买习惯等发生了重大转变。他们厌倦了同质化的大众产品，更愿意为那些小而美的个性产品买单，即便要因此而付出更高的成本。

建立自主品牌是制造企业提高产品辨识度的重要手段。科技与生产工艺的快速发展，使制造企业想要从产品本身方面实现差异化竞争变得越发困难，而采取低价策略又很容易引发恶性价格战，从而降低企业的盈利能力，相比之下，通过建立自主品牌，不但可以提高产品辨识度，还能获得品牌溢价。

◆ **自主研发**

重视科研投入，积极开展自主创新是新制造的一大重要特征。虽然中国制造业已经有了几十年的发展历史，但和德国、日本等制造强国相比，中国制造业的发展水平相对较低，很多领域的核心技术被海外巨头所垄断，再加上模仿复制成本较低，大量国内制造企业对自主研发缺乏足够重视，在早期完成初始积累后，没有及时投入资金补足技术短板，而是购买更多的设备，开设更多的分厂，进一步扩大市场份额。

个性需求与品质消费集中爆发的新消费时代下，企业依靠单纯的模仿复制已经很难赢得用户的认可与信任，再加上我国知识产权保护体系日益完善，侵权成本不断提升，这种背景下，中国制造企业想要长期生存并不断发展壮大，必须重视科技投入，强化自主研发能力，构筑起较高的技术门槛，有效应对日益激烈而复杂的市场竞争。

◆ **工匠精神**

百年企业在中国屈指可数，但在日本、德国却大量存在，究其原因，核心在于急功近利的浮躁心态使中国企业失去了工匠精神。在相当长的一段时间里，中国经济飞速增长带来的庞大市场需求，使大量中国制造企业急于扩大产能、抢占更大份额的市场蛋糕，功利心过重，缺乏为实现某种价值而奋斗一生的企业家精神。

而德国很多小型制造企业虽然鲜为大众所知，但其凭借对某一领域的极致专注赢得了全球客户的认可与尊重。一家企业可能仅生产一个零部件，但源源不断的订单使其能够获得相当高的利润，这值得广大中国制造企业学习并借鉴。

◆ **个性化定制**

个性化定制是制造业发展到一定阶段的必然产物。以往根据制造企业意志生产的产品是很难真正契合用户个性需求的，然而很多国内制造企业在不了解市场需求的情况下盲目生产，导致供需错位，使企业面临严重的库存积压，而消费者却抱怨买不到真正适合自身的产品，宁愿花费较高的成本前往海外或通过天猫国际、京东全球购等跨境电商渠道购买自身所需的产品。

在消费者主权时代，用户拥有较高的话语权，驱动产品生产从大规模批量生产转变为个性定制生产。比如，企业可采用消费者和工厂对接的 C2M 模式，让消费者先下单，然后按单生产，从源头上解决库存问题。而且由于商品更加符合用户个性需求，提高了用户对高价格的接受度，这种方式有助于让商家获得更高的利润。

◆ 互联网 +

如同教育、交通、医疗等行业，制造业触网是不可阻挡的主流趋势。"互联网 + 制造"强调以互联网思维对传统制造进行转型升级，借助新媒体积极开展品牌建设及营销推广，通过全渠道运营满足消费者随时随地泛在购物的需要，利用社交媒体让商家和目标用户进行实时交互等。

◆ 大数据、物联网

大数据时代下，数据将会成为像石油一般的重要战略资源，所以，制造企业也必须充分利用大数据技术与手段提高自身的经营管理水平。比如，工厂通过大数据分析对整个生产流程进行精细化管理；制造企业通过收集目标用户数据，描绘用户画像，挖掘用户潜在需求，从而指导研发部门进行产品创新；制造企业通过大数据分析对仓储物流环节进行优化完善，降低仓储成本、提高配送效率等。

和大数据类似，物联网也是新一代信息技术的典型代表，是制造业信息化建设的基础技术。在物联网技术的支持下，人与机器将无缝对接，通过高效协同交互显著提高生产效率，降低企业的生产成本。

◆ 云计算

在云计算时代，产品研发的平台将由此前的 PC 平台或工作站改为桌面云平台，全球各地的研发者能够通过远程协同研发共同参与研发过程，使产品具备更高的科技含量、更为人性化。在信息化应用方面，处于云时代的制造企业不再需要投入较高的成本购入各种软硬件设备、打造信息化平台等，而是可以用云服务商租赁软硬件系统来开展各种业务，这能帮助制造企业节省资金、降低经营成本。

◆ **智能制造**

未来，由智能机器人和人类专家构成的人机一体化智能系统，将推动制造业发展迈向新台阶。产品加工制造过程中，该系统将通过对人类专家思考与决策过程的模拟进行自主分析、推理、决策，实现柔性生产、个性化生产，同时通过数据积累，不断提高自身的智能化水平，为产品质量改善、成本控制、效率提升提供强有力的支持。

中国制造企业要想走向世界舞台，实现从产业链低端环节向中高端环节的转变，就必须不断提升自身的科技创新能力，加强品牌建设，充分运用大数据、云计算、物联网等新一代信息技术，建立柔性生产线，打造数字化、智能化车间以及智慧工厂，大力发展智能制造，同时找回失去的工匠精神，在自身擅长的领域精耕细作，争当时代先锋，创新引领中国制造。

数据驱动的制造业变革

大数据、云计算等新一代信息技术的崛起，使人类社会从 IT 时代向 DT 时代转变。大数据在深刻改变生产生活的同时，也促使制造企业的经营管理发生了重大变革。

和 IT 时代的传统制造业所不同的是，DT 时代的制造业更加注重创新、创造，人类智慧的作用能够得到进一步的体现，利润获取回归到价值创造本质。DT 时代将涌现大量的新模式、新业态，机器将被赋予和人一般的思考与决策能力，成为人类生产生活的绝佳伙伴。

随着互联网、物联网、云计算等信息技术迅猛发展，很多行业都涌现出大量数据，对于身处其中的企业来说，这既是机遇，也是挑战。近年来，由于智能化技术的迅速迭代，制造业企业的日常运营活动对大数据产生了较强的依赖。当前，制造业的整个价值链、产品的整个生命周期都会产生大量数据，同时，制造业企业的数据量仍在迅猛增长。

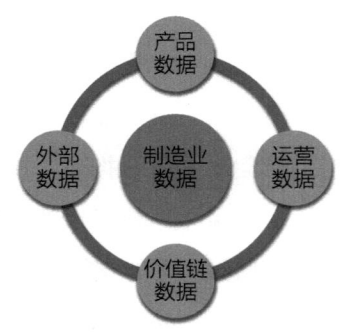

图 1-8 制造业数据的主要来源

制造企业需要管理多种多样的数据，其中包括很多结构化数据和非结构化数据。

（1）产品数据：具体包括产品设计、建模、生产工艺、产品加工、产品测试、维护数据、产品结构、零部件配置关系、变更记录等数据。

（2）运营数据：具体包括组织结构、业务管理、生产设备、市场营销、质量控制、生产、采购、库存、目标计划、电子商务等数据。

（3）价值链数据：具体包括客户、供应商、合作伙伴等数据。

（4）外部数据：具体包括经济运行、行业数据、市场数据、竞争对手数据，等等。

在网络协同环境下，企业在推出大规模定制之后需要实时从网上获取消费者的个性化定制数据，发挥网络的协同作用，对各方资源进行优化配置，对各类数据进行有效管理。

◆**新旧之争：IT 时代与 DT 时代**

IT 时代和 DT 时代的制造业差异主要包括以下几点：

（1）新思维

如果我们将 IT 时代的制造业看作"生物思维"，DT 时代的制造业就是"生态链思维"，前者的逻辑是以牺牲其他人或物的利益为代价，推动自身不断进化，是典型的利己思维；后者则强调和其他人或物协同合作、共同发展、互惠互利，即每个个体或组织的发展都将推动生态链的发展，而生态链发展又会反哺所有个体与组织，从而实现良性循环。

（2）新模式

IT 时代的制造业强调渠道和终端，企业主要通过批量生产获得规模收益，而 DT 时代的制造业强调服务和品牌，企业的利润主要来源于增值服务而非硬件销售。以接入物联网的智能冰箱为例，在用户购买厂商的会员服务后，冰箱将根据用户的个性设置定期向周边商家采购商品，并根据家庭成员的健康状况设计健康食谱，与此同时，冰箱运行状态信息将被实时发送至厂商数据中心，以便厂商为用户提供完善的售后服务。

（3）新因素和新技术

厂房、土地与员工是 IT 时代制造业的主要生产要素，但 DT 时代下这些要素的重要性明显降低，制造业将由数据与技术驱动，其中，物联网、大数据、云计算、人工智能等新一代信息技术将发挥突出作用。

（4）新管理和新组织

IT 时代的制造业更加重视企业利益，忽略了员工和用户诉求，对员工和用户缺乏人性关怀，而 DT 时代的制造业强调合作共赢，通过组织结构的扁平化，对员工进行人性化管理，充分授权，和用户实时交互，建立良好的信任关系。

◆ **数据驱动的大规模定制**

对于制造业来说，大数据是其实现大规模定制的基础，其在制造业大规模定制中的应用包括数据采集、数据管理、智能化制造、订单管理、定制平台等，其中定制平台是核心。定制数据达到一定规模就能实现大数据的应用。企业通过对大数据进行挖掘、分析，可对流行趋势进行有效预测，实现精准匹配、社交管理、营销推送等多种应用。同时，通过大数据挖掘，制造业企业还能开展精准营销，使物流成本、库存成本、资源投入风险均得以有效下降。

大数据分析可提升企业的仓储、配送及销售效率，减少库存，降低成本，优化供应链。同时，制造业企业还能利用销售数据、传感器收集到的数据、供应商数据对不同市场上的商品需求做出精准预测。企业可通过这种方式实时监控商品库存与产品销售价格，因此可以在很大程度上降低成本。

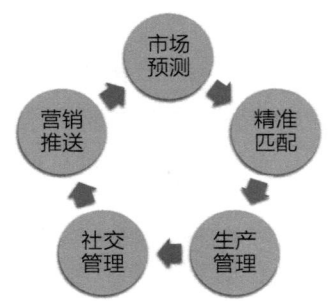

图1-9　大数据驱动制造业向服务业转型

从本质上看，工业4.0是利用信息物理系统（CPS）构建智能工厂，让智能设备利用经过处理的信息自我调整，自行驱动组织生产，直到将产品真正生产出来。由此可见，智能工厂让制造业大规模定制有了落地实现的可能。

为了满足消费者的个性化需求，一方面，制造企业要为消费者提供符合其需求的产品或服务，另一方面，制造企业要为消费者提供个性化的定制服务。因为消费者数量比较多，且需求各有不同，再加上需求不断改变，这些数据汇聚在一起就形成了产品需求大数据。

消费者与制造企业之间的交互行为也会产生大量数据，对这些数据进行挖掘和分析，可以让消费者参与到产品需求分析、产品设计等活动中来，真正实现产品创新。企业只有做好数据处理，将处理之后的数据传输给智能设备，然后对数据进行挖掘、分析，指导设备进行优化调整，才能真正实现定制化生产，输出能满足消费者个性化需求的产品。

CHAPTER 1　顶层设计：从制造大国向制造强国转型

◆新一代智能工厂

为了满足消费者的个性化需求，传统制造业必须改变现有的生产方式与制造模式，对消费过程中产生的数据与信息进行充分挖掘。同时，非标产品在生产过程中也会产生大量数据，企业需要对这些数据及时进行收集、处理、分析，用处理结果对生产活动进行指导。

以互联网为媒介，这两类大数据信息在智能设备间流通，企业利用智能设备进行分析、判断、决策、调控，然后组织开展智能生产，最终生产出能够满足消费者个性化需求的产品。从这方面来说，智能工厂是在大数据的基础上建立起来的。

智能工厂中的大数据是在信息与物理世界的交互作用下产生的。在引入大数据之后，制造业迎来了一个全新的变革时代。以过去制造业生产管理的信息数据为基础，以物联网为依托实现物理数据感知，企业建成生产数据私有云，推动制造业在研发、生产、运营、销售、管理等均发生了巨大变革，加快了制造业的发展速度，提升了生产效率，增强了自身的感知力、洞察力。

新制造时代的进阶路径

2018年7月26日，德勤中国发布了一项针对150多家国内生产型及技术服务型的大中型企业的调查报告《2018中国智能制造报告》，报告中指出，中国制造业在向智能制造转型方面取得了初步成果，具体表现为：

（1）中国工业企业的数字化能力素质不断提升，为制造系统实现自主分析预测及动态调整奠定了坚实的基础。81%的受访企业已经完成计算机化阶段。计算机化可以让企业高效处理重复性工作，提高操作精准性，降低制造成本。不过大部分中国企业的信息技术系统并未实现标准化，部分设备甚至没有数字接口。

虽然有40%的受访企业加强了各环节之间的协同性，提高了操作技术系统的连通性和互操作性，但这些企业距离实现信息技术和操作技术的深度融合还有较大的距离。

（2）智能制造为企业贡献的利润大幅度提升，在促进生产过程提质增效的同时，也提高了产品的服务价值。受访企业中，智能制造利润贡献率达到50%以上的企业占比从2013年的14%提升到了2017年的33%，智能制造业对企业利润贡献率为11%～30%的企业占比增加到了41%。

（3）中国已经连续第六年成为工业机器人第一消费国。IFR（国际机器人联合会）发布的数据显示，2017年，中国工业机器人的市场规模达42亿美元，在全球市场中占比为27%，预计到2020年时，中国工业机器人市场规模将增长至59亿美元，未来三年，机器人销量将以22%的年均复合增长率快速增长，到2020年时达到23.8万台。德勤公布的数据显示，工业机器人的主要客户是汽车、高端装备制造及电子电器企业。

德勤的调研对象是大中型企业，其中民营企业占53%，外资企业占29%。从行业分布来看，高端装备制造行业占26%，电子元器件及电器制造行业占23%，汽车及汽车零部件行业占22%，除此之外，还有一些其他行业的企业。相对而言，这些企业比较容易接受"新制造"的理念，更容易通过新技术的应用获利。所以，德勤的调研报告无法真实地反映国内制造企业对待新制造的态度，但不可否认的是，制造行业的领军企业已经通过新制造达到了获利目的。

尽管国内一些头部制造企业已经在谋求向新制造转型，但纵观我国整体制造业，新制造的风潮要想在业界得到广泛地普及，尚需一段时日。其原因在于新制造有一定的门槛，并不是所有的制造企业都能迈过这个门槛，在解决新制造转型过程中遇到的各种问题时，大部分企业都只是浅尝辄止。

根据德勤公司发布的报告，我国制造企业发展新制造要经过六个阶段，一是计算机化，二是连接，三是可视化，四是透明性，五是预测，六是自适应。

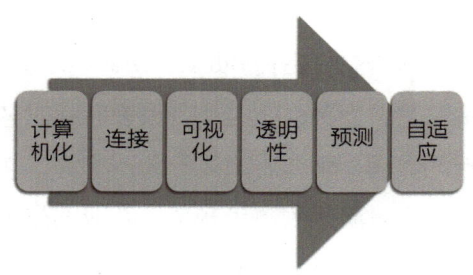

图1-10 制造企业转型新制造的六个阶段

（1）计算机化：在此阶段，制造企业利用计算机处理那些重复性的工作，提升工作效率与产品质量，降低制造成本。但各个信息技术系统相互独立，很多设备都没有数字接口，无法实现相互协作。

（2）连接：在此阶段，各信息技术系统建立了连接关系，运营技术系统相互连通，但这两大系统之间还没有实现有效整合，仍依靠人工经验决策。

（3）可视化：企业利用物联网技术实时获取数据，建立数字化映射，从依靠经验决策转变为依靠数据决策。但在此阶段，企业只能了解状态，无法了解背后的原因。

（4）透明性：通过分析根本原因生成认识。在此阶段，企业只能了解目前所面临问题的成因，无法预测未来。

（5）预测：通过数字化映射对不同情景进行模拟，对未来的发展趋势进行预测，但企业无法自主采取有效措施予以应对。

（6）自适应：在此阶段，企业可以自动决策并采取行动，能适应不断变化的经营环境。

根据德勤发布的调查报告，在受访的200家企业中，81%的企业已经完成了计算机化，41%的企业完成了连接，28%的企业完成了可视化，9%的企业做到了透明，完成预测与自适应的企业分别占2%。由此可见，大部分企业对新制造技术的应用都处在基础感知阶段，也就是前三个阶段，坚持迈进高级阶段的企业少之又少。

沃顿商学院的信息技术研究院院长 Bill Hardgrave 认为，感知阶段只能让企业明白过去发生的事情，而且企业要花费很多时间对各种数据进行对比，比如销售数据、市场数据、顾客的购买行为，等等，之后才能做出反应，具有一定的滞后性。面对激烈的市场竞争，企业要想脱颖而出必须能预测未来，提前制订应对计划并采取行动。也就是要从基础感知阶段进入预测和自适应阶段。

Uptake 的创始人 Brad Keywell 提出了一个相似的量化指标，用于对工业互联网的数据分析结果进行价值评估，从而提高企业的生产力，提升企业运营的可靠性、安全性，保证所有投资都能获得 3 倍的回报。在此之前，制造企业必须充分了解使用联网设备的优势。如果企业可以利用数据对诱发事件的根本原因进行分析，通过预测性分析对企业的行动进行指导，利用开发预测模型为企业决策提供支持，其智能化发展就能迈进一个全新的发展阶段。

基于新制造理念的模式创新

新制造还有巨大潜力尚未被挖掘出来，这一点马云早有认知。正是基于这一点，马云在云栖大会上强调，如果将制造企业所有设备、生产线的数据全部打通，让它们全部实现智能化，就能使制造企业的价值创造模式发生根本性变革。除此之外，马云还表示，新制造的竞争力来源于其背后蕴藏的创造思想、体验、服务能力，而不是制造本身。

◆ 按需定制

传统制造业是由厂商根据往期的订单情况制订销售计划。在这种模式下，厂商和消费者之间存在大量中间环节，很难了解用户的真正需求。随着生产力的不断提升，以及越来越多的创业者与企业进入制造业领域，行

CHAPTER 1　顶层设计：从制造大国向制造强国转型

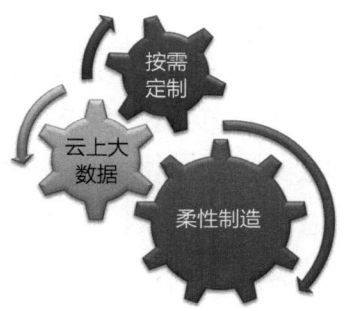

图 1-11　基于新制造理念的模式创新

业面临严重的产能过剩问题。而新制造将由用户主导，从 B2C 模式转变为 C2B 模式，让厂商能够和用户无缝对接，基于用户需求与数据分析按单生产，满足用户个性化需求的同时，为自身创造更多的利润。

比如，红领集团利用自建的电商平台推出定制化业务，实现了个性化生产。顾客可以在该平台自行设计服装，选择款式、面料，提交剪裁数据。该公司的 CAD 部门会根据顾客提交的信息进行大数据制版，对各个制作工艺的数据进行分解，将结果传输到布料配给部门，由这些部门分配布料，进行剪裁，然后进入流水线生产环节。在此环节，工人根据顾客提交的信息综合利用技术数据进行缝制。从顾客提交订单到服装出厂的运营只需 7 个工作日，真正做到了"一人一版，一衣一款"，而且其成本只有非定制西装的 1.1 倍。

◆云上大数据

未来的制造业是由数据驱动的，数据将成为不可或缺的重要生产资源。当然，想要充分发掘数据潜在价值，就要将大数据与云计算技术充分结合起来。推动传统制造业变革已成为中国、美国、日本、欧盟等经济体的重要战略，企业要充分利用数据来推动制造流程的精细化管理，促进生产线的柔性化、数字化、智能化。

对企业而言，发展新制造，打破数据孤岛是关键。传统制造企业内部以及上下游企业之间各系统处于封闭状态，缺乏统一的数据采集、存储、分析及应用标准，难以实现数据资源的高度整合与共享，不能实时了解生产线设备运行状况、库存信息、销售状况等，无法及时制定科学合理的经营管理决策，增加了企业经营的风险。

而转型新制造后，制造产业链中的商流、物流、资金流、信息流能够实现自由高效流通；MES、ERP、PLM等信息化软件的应用，将有效解决信息孤岛问题；装备操作信息、运行状态、环境参数等将被实时上传至云端数据库；同时，企业将结合PLM、ERP等数据，对生产过程不断优化完善。

以大数据技术为核心的智能应用将有力促进企业的流程、组织模式及商业模式创新，是建设智能制造云端的核心组成部分。具体来看，以大数据技术为核心的智能应用主要包括以下几点：

（1）生产过程的持续优化；

（2）产品的全生命周期管理；

（3）企业管理决策的优化完善；

（4）资源的匹配协同。

未来，制造业设备的全面物联化以及业务系统的无缝对接，将使从制造生产到客户交付的整个过程实现数据化、智能化，而对过程数据进行深入分析，将为企业经营管理决策提供强有力支持，催生一系列全新的管理方式、商业模式。

◆ **柔性制造**

柔性制造是个性需求崛起时代出现的一种新型制造理念，由于企业面临的市场环境与用户需求具有较高的不确定性，且技术更新迭代使产品生命周期越来越短，企业必须提高自身的灵活供给能力，力求在满足用户个生需要的同时，将成本与交付周期控制在合理范围。

柔性制造未来趋势包括以下几点：

（1）生产线日渐缩短，设备投资占比不断降低；

（2）中间库存明显减少，厂房等资源得到充分利用；

（3）交付周期越来越短，用户体验逐步提升；

（4）成本损耗不断降低，生产效率明显提升；

（5）制造过程用户可参与，为其创造独特价值。

制造业服务化是新制造的典型特征，其价值创造并不局限于制造本身，更为关键的是用户获得的极致服务与独特体验，长期来看，世界经济低迷状态仍将持续一段较长的时间，中国制造业从传统制造向新制造转型也并非是一件短时间内可以完成的事情，广大制造企业要做好打持久战、攻坚战的准备，加强服务与创新意识，不断提高自身的盈利能力。

新制造给制造行业带来了新的发展机遇。行业头部的制造企业在智能化转型这条道路上没有停留在基础的感知阶段，而是努力地向新制造的高级阶段迈进，探索更多可能性。正因如此，那些迟迟不能坚定信心、做出决策的企业与那些积极拥抱新制造的企业之间的差距会越来越大。为避免被淘汰。接下来，制造企业要积极拥抱变化，主动改革，向新制造转型升级。

1.4 阿里的"新制造"战略布局

淘工厂：赋能工厂数字化改造

正如马云在 2018 年云栖大会上演讲所指出的，阿里提出"新制造"，并非是强调阿里要成为一家制造企业，而是要赋能广大制造企业，推动制造业转型升级。早在 2013 年，阿里 1688 事业部便上线了淘工厂平台，意欲帮助广大淘宝卖家找到能够小批量生产个性化、高品质商品的供应商。

随着人们购买力的不断提升，其消费越发个性化、差异化。淘宝平台向来以品类丰富著称，堪称"只有想不到，没有买不到"。为了迎合消费需求的转变，淘宝卖家需要进行小批量、多品类、多频率的采购，而传统大型制造企业采用的是大规模批量生产方式，为了控制成本不愿意接受小规模订单。同时，受世界经济长期低迷的影响，很多以外贸订单为主的传统工厂面临着订单断崖式下跌、停工停产的生存危机，为了摆脱发展困境，它们是愿意为淘宝卖家服务的。

所以，我们可以将淘工厂平台的角色定位为电商卖家和优质工厂的连接桥梁。工厂在提交入驻平台申请时，需要提供制造、设计、产能等多种信息，以便平台利用大数据分析将其和淘宝卖家精准对接，解决淘宝卖家找不到合适供应商的问题，同时，工厂也能获得足够订单维持自身的生存发展。虽然单批次订单额较小，但淘宝卖家规模庞大，上新速度快，也能

CHAPTER 1 顶层设计：从制造大国向制造强国转型

上工厂获得可观利润，而且在按单生产的方式下，工厂不会出现库存积压问题。

统计数据显示，淘工厂平台利用大数据分析累计帮助3万多家工厂和淘宝卖家实现了精准匹配，促使这些工厂积极打造柔性生产线，减少产能浪费，为自身构建强大的市场竞争力。

2018年9月28日，阿里淘工厂宣布联手阿里云IoT团队布局车间场景，利用IoT设备对服装厂进行数字化改造升级。在合作过程中，双方将通过推进生产线联网化、可视化，实现生产到销售整个流程各环节数据互通，显著提高制造效率。截至2018年9月，完成改造的工厂已经达到20家，当时预计2019年财年（2018年4月1日到2019年3月31日）这一数字将增长至200家。改造后的工厂将具备强大的产能调整能力，足以满足"双十一""双十二"等特殊时间阶段的产能需要。

对工厂进行智能化改造、将工厂和供应链无缝对接、打通制造与消费端，是发展新制造的关键所在，淘工厂正是围绕这三点开展业务活动来赋能制造业。

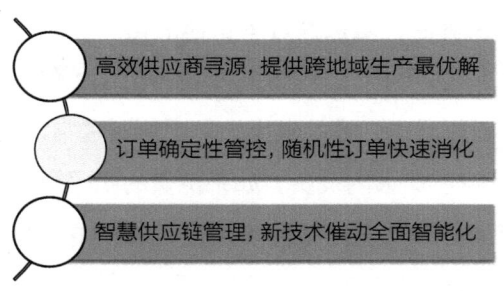

图1-12 淘工厂运作模式

◆**高效供应商寻源，提供跨地域生产最优解**

产品质量是工厂的重要指标，确保产品质量是工厂长期生存的前提；其次是效率，即要在最短时间内完成产品生产，这样才能加快资金周转率，提高市场竞争力；接着是性价比，商家为了盈利自然尽可能地选择具有更高性价比的工厂。除了熟人介绍外，大部分商家最初主要是通过展销会、招商会等渠道来接触工厂。工厂在和商家沟通时还要提供相关样品，这就容易导致工厂和商家的对接效率低下，出现供需错位问题。

在个性消费崛起、服务体验受到用户高度重视的背景下，能否找到合适的工厂成为商家构建核心竞争力的关键所在。工厂不合适可能会引发缺货、断货、产品质量不稳定等诸多问题。而依靠展销会寻找商家需要付出较高的人力、物力成本，虽然熟人介绍的效率较高，但社交关系有一定的区域性，考虑到商家与工厂之间沟通交流的便捷性，其合作方通常是本地或周边区域的工厂，这种情况会影响商家和跨区域工厂间的合作。

淘工厂为解决商家和工厂精准对接的问题提供了有效方案。通过淘工厂，商家可以方便快捷地挑选真正适合自身的工厂，而且淘工厂提供的品牌背书能够明显提升商家和工厂合作的积极性。截至2018年9月，淘工厂已经入驻了超过2万家工厂，而且随着淘工厂和阿里云团队合作的日渐深入，将会有越来越多的工厂被赋能，为商家选择工厂带来诸多便利，比如，商家可以利用云端实时监控视频实时了解工厂的实际情况。

◆ **订单确定性管控，随机性订单快速消化**

从商家角度上看，确保工厂按时完成订单尤为关键。比如，很多KOL开设的淘宝店上新频率高，订单量庞大，上新时通常设置10～15天的预售期，要求卖家必须在15天内发货，如果供货的工厂产能不足，卖家不但要退款还会损害店铺及KOL的形象，承受巨大的打击，而淘工厂通过对工厂进行改造升级将显著提高其产能，确保工厂能够按时完成订单。

同时，淘工厂还可以让商家对工厂订单进度进行实时把控。此前，商家向工厂下单后是很难了解真实的订单进度情况的，即便商家打电话催单，工厂为了稳住商家也可能会提供虚假信息。而淘工厂通过和阿里云ET合作，对工厂进行数字化改造，使商家能够和工厂进行实时交互，从而获得更为客观、精准、及时的订单进度信息。

此外，淘工厂能够让工厂快速完成随机性订单的快速生产。由于消费需求越发个性化，商家订单的不确定性也显著提高，这就对工厂快速生产随机性订单的能力提出了较高的要求。

很多中小卖家采购商品前并未制订具体规划，而工厂每天都有明确的生产任务，如果盲目接受卖家订单，会影响整体的生产效率。为了解决该问题，淘工厂开发了一个能够对订单需求进行预测的产品，目前该产品的精准率已经达到了65%。工厂可以利用该产品调整产能，解决订单短时间集中爆发造成的供货不足问题。

◆ 智慧供应链管理，新技术催动全面智能化

成本是中小制造企业进行数字化改造时面临的一个痛点，而淘工厂通过和阿里云 ET 合作，让广大中小制造企业可以充分享受到物联网、大数据、云计算、人工智能等带来的技术红利，有效降低数字化转型的成本。

拥有海量的数据资源是实施精益生产的前提。此前，制造企业收集数据时，主要采用人工收集方式，这种方式不但提高了人力成本，也降低了生产效率。淘工厂为中小制造企业提供了低成本、轻量化、低侵入式的数字化改造方案，费用约为 5 万元。通过 20 多个摄像头对整个生产流程进行实时监测，并完成数据收集，工厂管理者可以通过手机终端上的 App 实时了解生产线运行状况。

更为关键的是，淘工厂对制造企业进行的数字化改造并非是一次性交易，而是会帮助商家进行持续优化完善。由于不同制造企业的实际情况与利益诉求之间存在一定差异，初期形成的数字化改革方案可能存在问题，更多地需要借助大数据、人工智能等技术对制造企业相关数据进行深入分析，对改造方案进行不断优化。

发展新制造必然是一个长期而复杂的系统工程，在这方面，阿里已经迈出了坚实的一步。淘工厂采用了逐步推进、快速更新迭代的发展路径。随着更多新技术、新模式的应用，未来，淘工厂对制造企业的赋能能力会

进一步提升，使广大消费者能够享受到优质低价、丰富多元的商品，显著提高商品流通效率，降低流通成本。

阿里云：打造云制造服务平台

淘工厂平台固然有着广阔的发展前景，但其赋能制造企业的能力是有限的，不足以完全支撑阿里的"新制造"战略。在该战略的实施过程中，起到关键作用的是阿里云。

那么，阿里是如何借助阿里云布局新制造的呢？中国制造又能从中得到什么启示？早在 2010 年我国便成为制造业第一大国，但制造业"大而不强"是不争的事实。长期的粗放式发展使中国制造企业更加强调规模与速度，而忽略了质量与效益，导致我国在品牌建设、创新能力等方面和德国、日本等制造强国之间存在较大的差距。

与制造业形成明显对比的是，我国超过 50% 的互联网业务已经初步完成云化改造升级。阿里云作为中国云计算市场领军者，在这个过程中发挥了十分关键的作用。在新制造战略的指引下，阿里云积极进军制造领域，和吉利、比亚迪、徐工集团、德赛西威、协鑫光伏等多家知名制造企业达成合作，共同发掘新制造的市场潜力。具体而言，阿里云帮助制造企业有效地解决了以下三个方面的问题：

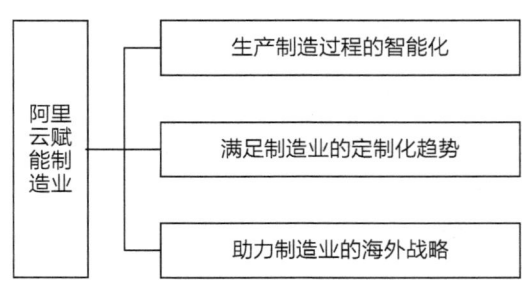

图 1-13　阿里云赋能制造业

◆ 生产制造过程的智能化

实现基础设施的云计算化是制造业转型要解决的首要问题。为此，阿里云结合工业互联网整体要求，打造并完善公共云基础平台，以混合云的形式整合工厂信息系统和数据中心。比如，阿里云利用云端通信实现工厂系统和设备的互联互通，由设备端负责数据的采集、工艺逻辑的执行与控制，云端负责对数据进行共享，为流程实施提供有效的指导与帮助，从而大幅度提高生产效率。

同时，系统和设备数据的实时收集与分析，使生产线整体状况的实时监测成为可能，让企业在问题尚未发生或刚发生时能够采取有效策略，降低问题的负面影响，提高生产效率。当然，在这个过程中，企业的 CRM、ERP 等生产与管理系统也将实现云计算化。以阿里云和春风动力的合作项目为例，阿里云通过将春风动力的官网、电商系统和车联网系统上云，使春风动力的人均效益提升了 30%，设备使用率提高了 25%，库存周转提升了 50%。

◆ 满足制造业的定制化趋势

个性需求的崛起，以及制造企业对低库存甚至零库存的追求，使定制化成为制造业的主流趋势。得益于阿里巴巴浓厚的互联网基因，阿里云不但能提供强大的计算服务，更具备以下三方面的领先优势：

（1）强大的消费数据分析能力，比如，舆情分析、销量预测、正品溯源等；

（2）强大的制造数据分析能力，比如，不良率分析、智能诊断、设备远程维护等；

（3）丰富完善的产业链资源。

这些优势正是国内制造企业所欠缺的，这些能力的具备也有助于帮助制造企业构建柔性生产线。云计算在制造领域的应用，使企业在生产、仓储及物流等诸多环节有了数据支持，可实现产业链上下游的协同交互，让物料供应商可以实时了解厂商物料储备情况，厂商可以实时了解零售商库存情况。同时，制造业的物联网化能够让 C 端用户和厂商无缝对接，让消费者可以将自身的个性需求实时反馈给厂商，使厂商按单定制生产，从 B2C 模式转变为 C2B 模式。

以阿里和吉利汽车的合作项目为例，借助阿里云的大数据及云计算优势，吉利汽车对海量用户数据进行深入分析，挖掘用户消费习惯及潜在需求，从而改善现有产品及服务，并对自身的战略规划、业务流程、管理模式等进行了优化完善。未来，阿里云将会帮助吉利打造具有人一般思考能力的吉利大脑。

◆ 助力制造业的海外战略

制造业的发展水平是衡量一个国家综合国力的重要指标，随着经济全球化的深入发展，越来越多的海外制造企业进入中国市场，而中国制造企业也渴望到国际舞台上服务全球用户，在向国际市场拓展的过程中，阿里云将为中国制造企业出海提供强有力支持。

截至 2018 年 9 月，阿里云已经在北美、中东、欧洲、澳洲等多个地区建立了数据中心，是少数几个具备服务全球用户能力的云计算厂商之一。在相当长的一段时间里，中国制造企业拓展海外市场时要借助多个网络的多个系统，而阿里云已经在全球范围内布局了相对完善的云计算基础设施，可以为中国制造企业出海提供一站式云服务解决方案。

现阶段，制造业"上云"在两个方面已经爆发出了惊人能量。其一是云计算促使制造业数字化、智能化的进程进一步加快，它不但通过技术赋能提高了生产效率，更推动了组织管理方式与商业模式的创新；其二是传统制造业的生产方式单一且较为滞后，库存积压、交付时间成本较高等问题有望得到彻底解决，这必将为我国发展新制造带来诸多便利。

阿里达摩院：布局"中国芯"

2017 年 3 月，阿里在杭州总部举办了首届技术大会，在大会公布的诸

CHAPTER 1 顶层设计：从制造大国向制造强国转型

多内容中，"NASA"计划尤其受到外界关注。该计划将以机器学习、视觉计算、基础算法、网络安全、芯片技术、量子计算、传感器技术、自然语言处理、嵌入式系统、下一代人机交互等为主要研究领域。

马云发言时指出，阿里将为发展机器学习、操作系统、生物识别、芯片技术、物联网等核心技术成立专业团队，并应用全新的机制与方法，创新技术研发体系，致力于解决未来10年、20年后的问题。

于2017年10月11日在阿里云栖大会上宣布成立的阿里达摩院，致力于基础科学与颠覆式技术创新。2018年9月，阿里上线了阿里达摩院官网，并公布了五大研究领域与14个实验室，其中，芯片技术尤其受到阿里达摩院的重视，目前，阿里达摩院已经组建了完善的芯片研发团队，负责AI芯片的自主研发。

此前，阿里服务器普遍使用Intel芯片产品，但中兴事件让阿里意识到芯片这种核心科技被外国垄断将加剧自身发展的不确定，而且芯片也是未来各类智能设备的核心部件，具有广阔的发展前景。这种情况下，阿里进军芯片领域就成为一件很自然的事情。

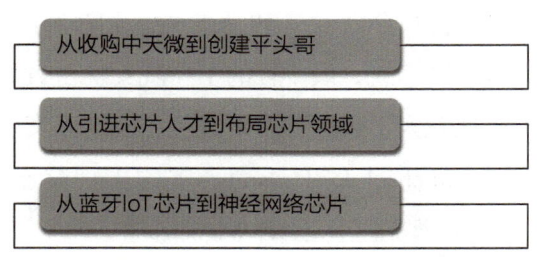

图1-14 阿里达摩院"中国芯"布局

◆ **从收购中天微到创建平头哥**

2018年4月，阿里宣布全资收购中国大陆唯一一家自主嵌入式CPU IP Core公司——中天微系统公司（以下简称"中天微"），该公司是国内唯一一家基于自主指令架构研发嵌入式CPU，并实现大规模量产的CPU供应商。

在未收购中天微前，中天微曾经推出基于阿里云 AliOS 软硬件框架的 3 款云芯片：计算机视觉芯片、融合接入安全的 MCU 平台芯片、全球首款基于 AliOS 的 NB–IoT 物联网安全芯片。

全资收购中天微对阿里布局芯片领域具有里程碑式的意义。IP Core 乃是基础芯片能力的核心部分，布局 IP Core 是企业研发"中国芯"的必然选择。2018 年 8 月 19 日，阿里在年度云栖大会上宣布将成立平头哥半导体公司，对中天微和阿里达摩院芯片团队进行整合。

阿里平头哥将构建服务于汽车、家电、工业等诸多领域的智联网芯片平台，并将在 2019 年 4 月推出首款 AI 神经网络芯片，2~3 年后自主研发出一款真正意义上的量子芯片。就像阿里达摩院一般，未来平头哥希望成为一家去阿里化的、能够自负盈亏的独立企业。马云亲自将该公司命名为"平头哥"，也是希望该公司能够像蜜獾一般无所畏惧、勇往直前。

◆从引进芯片人才到布局芯片领域

虽然马云不懂技术，但阿里具有强大的技术实力。目前，阿里拥有 2.5 万名工程师和科学家，达摩院核心团队更是集结了世界一流人才。首批公布的达摩院学术咨询委员会（共有 10 人）中，和芯片技术相关的有 7 人，包括：分布式计算大师李凯、最年轻的中科院女院士黄如、系统芯片研究所所长高文、哥伦比亚大学数据科学研究院主任周以真、世界人工智能泰斗迈克尔·乔丹（Michael I. Jordan）、美国工程院士亨利·利维（Henry M. Levy）、美国科学院院士（Avi Wigderson）。

同时，达摩院为大中华地区 35 岁以下或博士毕业的青年人士设立了青橙奖，激励他们在半导体、智能制造、信息技术领域探索实践。获奖者不但可以得到 100 万元的现金奖励，还可以得到达摩院提供的计算及场景支持。

AI 与芯片的未来发展前景已经得到了世界各国的充分肯定，阿里也将其作为重要研究领域，不仅全资收购了中天微，成立平头哥，更投资了寒武纪、深鉴科技、翱捷科技（ASR）、耐能（Kneron）、Barefoot Networks 等多家芯片公司。这些芯片公司的产品应用场景存在一定差异。比如，寒武纪以手机端业务和服务器端业务为主；深鉴科技以安防业务为主；ASR 以智能终端为主；Kneron 以智能家居与智能安防业务［采用轻量级 NPU（神经网络处理单元）芯片］为主；Barefoot Networks 以网络通信业务为主。这有助于阿里打通从云到端的 IoT 产业链条，真正掌握核心芯片技术。

◆ 从蓝牙 IoT 芯片到神经网络芯片

在 2018 年 1 月举办 2018 年国际消费电子展（CES）上，阿里和联发科技联合宣布，将共同推出内置 IoTConnect 协议的蓝牙 IoT 芯片，从而为智能家居设备建立统一的连接标准。2018 年 4 月，按摩院发言人表示，他们正在研发一款能够应用在图像视频分析、机器学习等 AI 推理计算场景的神经网络芯片 Ali–NPU，该芯片的性能功耗比能够达到同类竞品的 40 倍。其意义不仅在于有效降低阿里云业务成本，更能够为阿里云的诸多应用场景（城市大脑、自动驾驶）提供端运算支持。

量子计算也被达摩院高度重视。阿里巴巴量子实验室于 2018 年 5 月 8 日宣布成功研制当前世界最强的量子电路模拟器"太章"，这是全球首款 81 比特随机量子电路模拟器。阿里预计用两年时间推出全球首款量子芯片系统，并打造全球首个量子生态系统。

天猫平台：新零售驱动新制造

新零售的发展在促进企业革新传统生产流程、体现中国品牌竞争优势的同时，也切实推动了实体经济的发展。

因为在洗衣服之前忘记将口袋里的餐巾纸拿出来，导致最终从洗衣机里拿出来的衣服沾满了碎纸屑的情况令很多人头疼，而在新零售模式下开发出来的新一代洗衣机产品则很好地解决了这个问题。

天猫平台于 2017 年 8 月推出海尔研发的直驱柔护洗衣机，在使用过程中，即便是餐巾纸被落在口袋里进入清洗流程，用户也可以在结束之后完好无损地取出来。在研发这款产品的过程中，海尔与天猫联手进行了大数据挖掘，采用C2B定制模式实现了产品升级。

除此之外，在新零售的推动作用下，制造业的发展还体现在许多其他方面。在实践"互联网制造（Made in Internet）"模式的过程中，天猫平台已经向市场推出许多新品类，如扫地机器人、洗烘一体洗衣机、洗碗机等，是对传统制造业运作方式的颠覆，能够进一步开拓市场。

在新一轮的制造革命中，新零售发挥了积极的促进作用，能够推动科技的发展、生产流程的改革，为实体经济的发展注入更多活力，并带动社会就业，使更多中国品牌走向国际市场。

◆新制造与新名片

在消费升级的大背景下，"互联网制造"在促进国内制造业改革的同时，也推动了中国品牌的升级与发展。

比如，很多传统品牌联手天猫平台，对传统供应链系统进行了改革，实践了定制化生产模式。享有"江南粽子大王"美誉的五芳斋就通过这种方式在端午节期间推出"私人定制"粽子产品，让消费者在网络平台选择自己喜欢的食材搭配及包装款式，买到符合自己口味的粽子。

通过改革企业传统的供应链体系，五芳斋的生产流程得到了完善。不仅如此，该企业还推出了许多新兴口味的粽子，比如奶黄粽子、牛腩粽子、鳗鱼粽子等，得到了大批年轻消费者的追捧，还推出线上语音祝福服务，使产品呈现出更多新面貌。

国内企业通过发展新制造加速了生产环节的运转，通过发展新零售走向了国际市场。近年来，大批中国产品在国际市场进行了开拓，比如食品领域的恰恰食品、老干妈，服装领域的南极人、波司登等成为风靡国际市场的热销国产品牌。除此之外，许多国产电子产品也受到国外消费者的青睐，这些产品体现出我国消费者对时尚潮流的追逐，将中国的文化传统、风俗等传播到了海外国家，提高了中国在国际市场的影响力，成为我国走向世界的亮丽名片。

◆ **科技驱动创新**

在促使制造业通过改革供应链体系来扩大线上产品的销售规模的同时，新零售也借助科技力量，带动了实体店的转型升级，通过革新传统消费方式有效提升了消费者的购物体验。

比如，星巴克臻选上海烘焙工坊于2017年12月开业，这是星巴克海外首家全沉浸式咖啡体验门店。不同于传统零售门店，这家门店已经摒弃对餐牌的使用。消费者可利用手机淘宝打开在线菜单，不仅如此，还能利用阿里巴巴自主研发的人工智能技术，通过启动AR技术来查看咖啡吧台的布局、制作过程中使用的器具等。通过应用先进的技术手段，门店能够提升消费者的购物体验，并将线上线下渠道的运营结合起来。

星巴克的消费者可以使用手机对店里的纪念品进行扫码识别，然后到天猫平台下单购买；优衣库的消费者则可采用反向操作方式，在天猫购买产品之后，可收到由运营方发送的备货完成信息提示，然后凭借订单信息到优衣库实体店取货。这种将线上线下的运营融为一体的方式，能够进一步满足消费者的需求。

除了促进传统实体门店转型升级之外，数字科技的应用还推动了零售业态的革新与发展。无人零售是这方面的典型代表，具体如无人便利店、无人零售超市、无人汽车自动贩卖机等，这种新型零售业态以自动化方式代替传统的人工劳作，让员工拥有更多精力从事其他工作。

新一代技术的应用也促进了消费升级的发展，刷脸支付、虚拟试衣间能够更好地满足人们的需求，也使其呈现出不同于传统模式下的新特点。

◆ **催生新就业**

新零售的蓬勃的发展，给人们提供了更多的就业机会，有利于解决就业问题。

中国人民大学劳动人事学院预计，阿里巴巴零售平台的运行为社会提供的就业岗位高达 3300 万个，与此同时，还有许多新的零售形态从新零售中延伸出来，增加了许多新型就业岗位。

数据统计结果显示，阿里巴巴新零售平台的内容电商就职人员达 100 万以上。与此同时，新零售还催生了包括电商主播、数据标签工、电商模特等在内的许多新岗位，为社会提供了更多就业机会。

以服装行业为例，江南布衣、太平鸟都在新零售领域展开了布局，在公司内部成立新零售事业部。其中，江南布衣内设"会员新零售总监"岗位，年薪上限为 60 万元。

在食品行业，良品铺子将线下门店与天猫新零售平台的智慧门店打通，旨在实现实体门店与线上渠道之间的对接，并着手建设专业人才队伍，在门店流程管理过程中应用数据技术。在岗位设置方面，良品铺子设置了"流程 IT 化副总裁""数字化运营副总裁"的职位，薪酬十分可观。

另一方面，新零售还促进了相关配套产业的发展，即时物流配送就是这方面的典型代表。上海等一线城市拥有广阔的外卖市场，外卖骑手的年薪可达数十万。从业者在完成订单配送任务的同时，还可以通过提供快递派送、生鲜商品配送，或者将包裹放到寄存点等服务来拓展自己的收入来源。

◆ **反哺实体经济**

新零售在发展早期主要扮演破坏者的角色，侧重于对传统零售进行改革，目前则主要扮演创新者的角色，重在推动零售行业的发展。经过一段时间的探索，新零售逐步改变了人们的认识，在更大范围内流行开来。

在北京，阿里旗下的新零售业态盒马鲜生广受欢迎；菜鸟网络搭建的津冀智慧物流体系在速度方面快速升级，从最初的两小时，到后来的一小时，再到如今的半小时；北京、上海等地的"口碑智慧商圈"已经投入运营；高德搭建一体化出行平台，推出全面的出行服务，在后续发展过程中将持续打通新零售场景。

在发展过程中，新零售能够促使实体经济进行改革，并加速整个行业的发展。分析货物生产、批发及零售的产值构成可知，生产与批发环节在总体中的比重接近89%，零售的产值比重只达到11%左右。简单来说，如果网络零售的销售额增加100元，由此产生的生产与批发产值就会达到89%。

麦肯锡咨询公司的统计结果表明，线上零售能够有效促进实体经济规模的增长。有测算结果显示，天猫与淘宝平台能够有效刺激内需，由此能够使上游制造业的税收在原有基础上增加1800亿元。

根据阿里研究中心的数据统计，到2020年，电子商务服务业总体规模将达6万亿元，由此产生的税收增加将达2000亿元以上。日益崛起的电子商务服务业能够拉动实体经济的发展，促进其规模的增加与市场的扩展。

CHAPTER 2

新技术：
万物互联驱动"新制造"

2.1 人工智能：开启全新制造时代

AI 技术与制造业的深度融合

从全球的视角看，近两年，我国的人口红利逐渐消失，人力成本、原材料成本不断增长，制造业逐渐失去了竞争优势。同时，生产管理模式迟迟没有革新，早已无法满足消费者日渐多样化的需求，使我国制造业面临着前所未有的危机。近年来，人工智能取得了重大突破，与先进制造技术实现了深度融合，新一代智能制造应运而生。

这一发展趋势引起了政府的高度重视。2017 年，国务院颁发《新一代人工智能发展规划》，倡导人工智能与制造业深度融合，解决制造业智能化转型过程中遇到的各种问题。当前，随着人工智能技术不断发展，再加上政策的支持与引导，人工智能逐渐与制造业实现全面融合，促使制造业进入智能化转型阶段。

新一代智能制造的最大特点就是制造系统具备学习能力，能够将深度学习、增强学习等技术引入制造领域，使知识获取、利用、传承发生革命性变革，使企业的创新能力与服务能力均得以显著提升。

◆ **应用层面**

近来，人工智能技术被广泛用于图像识别、智能机器人、语音识别、故障诊断与预测性维护、智能驾驶、自动驾驶等领域，在产品研发创新、生产管理、故障诊断、质量控制等各个方面都有所涉及。

面对复杂的过程，人工智能可对其进行智能化引导。以新品设计研发为例，设计软件在收集各种信息形成人工智能模块之后，可对设计师的需求做出全面理解，还可以接入各种数据，比如区域经济数据、社交媒体数据、社会舆情数据等，从而形成数据模型，自主生成产品设计研发方案，并将这些方案推荐给设计师，或向设计师推荐相关的产品设计方案。

在生产制造管理方面，人工智能有着广阔的应用空间，比如人工智能可创新生产模式、优化产品质量、提升产品生产效率等。借助物联网，人工智能可实时获取各种信息，比如生产过程、工艺参数、设备工况等；可对产品进行检测，将质量不好的产品剔除。另外，如果在离线状态下，人工智能可利用机器学习技术对产品缺陷和物联网历史数据之间的关系进行深度挖掘，形成控制规则；如果是在线状态，人工智能可利用增强学习技术，通过实时反馈减少缺陷产品的出现概率，同时还能对专家经验进行整合，持续改进学习结果。

◆ **行业层面**

人工智能的应用范围极广，不仅包括3C、纺织、冶金、汽车等传统制造业，还包括机器人、装备制造、新能源等战略性新兴产业。在传统制造智能化转型过程中，人工智能从多个方面为其提供了支持，促使中国制造业的规模不断壮大，竞争力持续提升。

将人工智能技术引入制造业，目的就在于提升产品质量与生产效率，降低产品生产成本。但从目前的情况看，人工智能还需要很长一段时间才能全面融入制造业。另外，制造企业必须认识到一点：人工智能只是一种工具，可以推动制造业迈进一个新的发展阶段，却不能解决所有问题。为了让人工智能与制造业实现深度融合，制造企业必须将其与实际需求结合在一起，否则就会失去发展的动力。

制造企业引入人工智能时不能生搬硬套，要与自己企业的实际情况相结合。脚踏实地、循序渐进，找到最好的应用人工智能技术的方法，使人工智能的作用得以充分发挥，真正实现智能制造。

重塑全球制造业价值链

早在 20 世纪 50 年代，人工智能技术就已诞生，其出现时间和计算机相差无几。经过近 70 年的发展，人工智能领域划分出很多派系，也产生了很多新技术，但至今仍未有一个明确的定义。普罗大众可将人工智能理解为"像人类一样聪明、会思考、会自主解决问题的人造机器"。

现阶段，世界各国都在推进人工智能。人工智能的发展与应用为经济社会的发展提供了新动力，使人们的生产方式、生活方式得到了彻底颠覆。人工智能创新技术主要应用于制造业，二者的全方位融合掀起了一场深刻的产业革命。大力推进人工智能发展，将人工智能在推动制造业转型升级方面的作用充分发挥出来，可有效优化经济结构，提升企业的国际竞争力。

近几年，人工智能技术发展与应用的面貌焕然一新。人工智能技术逐渐产业化，延循"深度学习+大数据"的技术路线不断向前发展。同时，人工智能技术的应用领域也从服务业拓展到了农业、制造业等领域。在此情况下，人工智能的通用技术特征、基础技术特征表现得越发明显，对制造业产生了深远影响。

◆优化制造业产业结构

首先，引入人工智能之后，一些制造业部门将被淘汰。人工智能在制造业的应用，导致一些产品的功能被替代，其市场需求随之减少，生产这类产品的行业自然会不断萎缩，直到消失。最有可能面临这种情况的就是传统机械装备和与之配套的零部件制造行业。同时，传统电子信息产品要想长久生存下去，也必须迭代升级，配备人工智能功能。

其次，在人工智能的作用下，一些行业将发生彻底变革。传统制造产

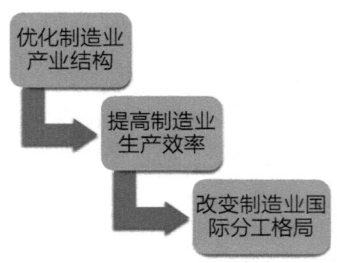

图 2-1 人工智能对制造业的影响

品融入人工智能之后,短期内会催生出一些新功能,彻底颠覆产品与产业架构将。比如,无人车替代传统人力驾驶汽车之后,与之相关的交通法律法规、交通系统、汽车销售与使用方式、围绕汽车形成的商业生态系统都将发生彻底变革。

未来,智能化将成为很多产品的一大基础功能,届时,绝大多数制造业产品都将发生变革,人工智能及相关行业则将跻身支柱产业行业。作为一项通用技术,人工智能可用于各行各业,不只是金融业、服务业、制造业。随着一些新技术不断发展、成熟,再加上相关的市场需求不断扩大,一个新的行业将应运而生。人工智能及相关技术,再加上衍生出来的服务,将形成一个庞大的产业体系。

◆提高制造业生产效率

(1)在人工智能的作用下,制造业的智能化水平将得以大幅提升,工厂开工时间也能有所延长。工厂引入智能机器人取代人工作业可以延长作业时间,甚至可以实现 24 小时运转,而且无须支付额外的加班费用。目前,美国、日本、德国等国家都已经出现了可 24 小时运转的"无人工厂"。

(2)在人工智能的作用下,生产与需求可实现精准匹配,从而实现柔性化生产。工厂引入人工智能,可对市场发展趋势做出精准预测,从而制订科学的生产计划,在满足市场需求的基础上保持低库存,甚至可以实现零库存。

3）工厂引入人工智能可提升质检水平，使产品的良品率得以有效提升。人工智能可全面监控各个生产环节，增强企业对产品质量的管控能力，降低不良产品出现的概率，从而提升产品生产效率。有些企业引入人工智能对整个生产过程进行质检，使年利润增加了上亿元。

◆ 改变制造业国际分工格局

随着人工智能不断发展与广泛应用，全球制造业的价值链将得以重构，新的国际分工体系将应运而生。该体系的出现将颠覆传统制造业的国际分工。

一方面，引入人工智能之后，传统价值链会增加一些新环节，这些环节将成为价值链上新的制高点。为了在全球分工中获取主导权，现阶段，德国、美国等发达国家都在努力抢占这一制高点。

另一方面，引入人工智能之后，传统的价值链形态将有所改变，发展中国家将逐渐失去劳动力成本优势。过去很长一段时间乃至现在，在与发达国家竞争的过程中，我国仍以劳动力成本优势为核心竞争力。随着人工智能的广泛应用，这一优势将越来越弱。再加上，近年来，我国劳动力成本不断增长，高额的用工成本已成为沿海地区制造业发展的最大制约因素。人工智能的引入可有效解决这一问题。当然从这方面看，对于我国来说，人工智能进入制造业既会产生好的影响，也可能会产生坏的影响。

需要注意的是，行业不同，引入人工智能之后所受到的影响也不同。如果是劳动密集型行业，比如家电、电子产品等，引入人工智能之后，可减少用工数量，提高良品率；如果是技术创新驱动发展的行业，比如生物医药、航空航天，引入人工智能之后，可以大幅提升数据挖掘与分析效率，创新技术研发模式；如果是流程型行业，比如冶金、化工等，引入人工智能之后，可实现低成本的定制化生产；如果是服装、食品等行业，引入人工智能之后，可对市场发展趋势做出精准预测，对市场变化做出快速响应。

从人工智能到智能制造

机械设备制造业代表的是"物理世界",人工智能代表的则是"数字世界",这两个领域之间的融合对制造业产生了深刻的影响,这种发展方式能够给社会经济带来新的活力。人工智能等先进技术手段的应用,促使企业改革传统的生产运营过程,具体包括供应链体系、生产流程及生产模式等。

国际知名管理咨询公司埃森哲预计,2035年时,制造业通过采用人工智能技术,能够将总增长值提高4万亿美元,将年增长率提高到4.4%。从生产要素层面来分析,制造业应用人工智能会带来哪些变化?

(1)某些传统人工劳作将由自动化、智能化机器操作来完成。当人口老龄化问题越来越严重时,包括我国在内的很多国家会出现劳动力不足的情况,企业的人力资源成本逐渐攀升,机器代替人工则能够在一定程度上解决这个问题。

(2)采用人工智能可以提高员工的技术水平,加速企业的整体生产,让员工通过培训提高工作专业性,承担更高层级的工作任务。

(3)制造业与人工智能的结合发展能够缩短新产品开发的时间,重塑企业的生产流程,提高企业生产操作的自动化水平。在这种全新的业务流程模式下,企业能够按照企业的个性化需求进行产品生产,实现人工智能在制造业中的应用目的。

具体来说,人工智能在制造业领域的应用主要体现在以下几个方面:

◆**机器视觉检测系统**

视觉检测普遍存在于制造业的发展过程中。运用人工智能技术,企业能够打造自动视觉检测系统,以视觉检测方式对产品质量进行把关,采用人工智能技术在产品与照片之间进行对比分析,最终得出检测结果。

◆**优化企业生产流程**

制造企业在生产过程中要用到许多机器设备,可通过人工智能技术的

CHAPTER 2 新技术：万物互联驱动"新制造"

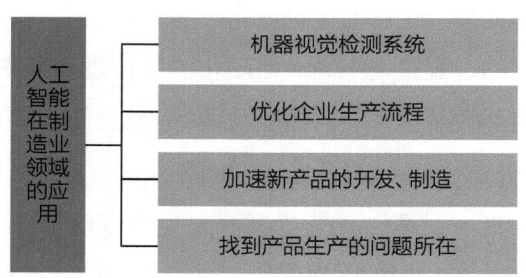

图2-2 人工智能在制造业领域的应用

应用来调节这些机器的参数，从而优化企业的生产过程。举例来说，企业在制造某些产品的过程中，需要对生产过程中的温度及其变化过程进行控制。其间，外界环境的温度会影响到产品的生产。在这个过程中，企业要对温度数据进行获取与分析，可以利用人工智能来调节相关设备的参数。

◆加速新产品的开发、制造

企业在进行新产品开发与生产过程中，要对各个环节进行持续性的改进与调整。企业可以利用人工智能加速新产品的研发与生产，实现整体效率的提升，带动整个行业的发展。

◆找到产品生产的问题所在

企业在进行产品制造的过程中要经历许多环节，在进行产品检验时发现问题后，需要找到问题所在，据此进行后续的生产改进与优化。企业可利用大数据、人工智能技术锁定产品存在问题的具体环节。

随着人工智能技术的发展，制造企业将应用智能自动叉车、传送带来完成货品的运送任务。在视觉应用方面，随着技术水平的提高，企业不仅能够运用人工智能手段对产品质量进行检测，还能提高机器人的环境感知与适应能力。与此同时，还可以在无人驾驶、自适应制造等领域中体现人工智能的应用价值。

"AI+制造"的智能化场景

制造业引入人工智能的主要目的就是让机器达到甚至超越人类技工的

69

工作能力与水平，从而提升企业的生产效率。从本质上来看，这个过程与制造企业追求自动化的过程完全不同。自动化倡导让机器自主生产，其本质是让机器替代人实现大规模生产；智能化倡导让机器实现柔性生产，其本质是人机交互、人机协作，让机器能主动调整以适应外界环境的变化。

所以，"人工智能+制造"的终极发展目标不应该是让机器替代人，而应该是重构"以人为本"的组织模式，让机器承担更多重复性的、简单的、危险的生产活动，将人从体力劳动中解放出来，充分发挥人的管理能力与创造能力。

制造业体量庞大，天生具有复杂而割裂的特征。一个生产车间中的生产设备可能来自不同的生产厂家，这些设备拥有的技术和数据标准自成体系，彼此之间无法连通。一个小小的生产车间就如此，更遑论不同的工厂、不同的制造企业之间了。正是因为这种差异的存在，导致传统制造企业很难实现信息化、提升生产效率。

随着互联网的发展和普及，平台模式应运而生。该模式加快了信息传播速度，提升了信息传播效率，降低了交易成本，使企业的经济效益得以大幅提升。平台模式出现之后迅速渗透到了各行各业，具体到制造行业，这种模式就是"工业互联网平台"。

未来，"人工智能+制造"的实现就要建立在这个平台的基础上。因为只有通过工业互联网平台，企业才能获取工业云计算和边缘计算、工业大数据、工业人工智能等能力，为整个产业的转型升级提供支持与助力。根据 Marketsand Markets 公司发布的数据，2016 年，全球工业互联网平台的市场规模在"人工智能+制造"市场中的占比为 24%，到 2025 年，这一占比将提升到 36%，市场规模将达 2600 亿美元。

经过数十年的发展，互联网已成为推进信息革命的中坚力量，在人工智能技术发展过程中发挥了重要的引领作用。在这数十年的发展过程中，互联网在连接、云、安全、数据、计算五个方面积累了丰富的经验，对人工智能融入各行各业提供了有效支持。从"人工智能+制造"层面来看，互联网为其提供支持的场景有三种：

图 2-3 "人工智能+制造"的三大场景

（1）产品智能化：从软件到硬件都要完成智能化升级。在互联网的作用下，人工智能算法可以嵌入产品，从而催生新一代智能产品。比如谷歌开发了专门用于大规模机器学习的智能芯片 TPU；腾讯创建了 AI 开放平台，共享 AI 能力，比如计算机视觉等；亚马逊推出智能音箱 echo 等产品，该产品系入了人工智能语音助手。

（2）服务智能化：开展精准营销，为顾客提供精准的售后服务。在互联网的支持下，企业可利用人工智能算法开发更多精准的增值服务。

★售前营销服务。企业利用人工智能从各个角度对用户数据进行分析，将广告信息精准地传播给目标受众，比如谷歌开发的精准广告平台。

★售后维护服务。企业利用物联网、人工智能、大数据对产品进行实时监管，对产品在使用过程中可能出现的问题进行预测。比如三一重工与腾讯云合作将散布在世界各地的 30 万台设备接入平台，实时采集数据，借大数据、智能算法对这些设备进行远程管理，在故障发生前及时发出预警，以提升设备排除故障的效率，降低设备维护成本。

（3）生产智能化：提升机器设备的自主生产能力。在互联网的帮助下，制造企业可将人工智能技术引入生产环节，增强设备应对各种复杂问题的能力，实现自主生产，使生产效率得以全面提升。

生产环节引入人工智能技术有两方面好处。一方面，优化生产工艺，也就是企业可通过机器学习建立产品的健康模型，对各环节生产参数对产品质量的影响做出全面了解，找到最佳的生产工艺参数。比如在腾讯云的帮助下，亿纬锂的良品率提升了1.5%；在阿里云的帮助下，保利协鑫的良品率提升了1%。另一方面，产品质量检测智能化，也就是制造企业可利用机器视觉识别技术扫描产品，判断产品是否存在质量问题，从而提升质量检测效率。比如，借助腾讯云，福耀玻璃质检流程节省了80%的人力，不良品检出率达到90%以上。

总而言之，人工智能与制造业的融合要求互联网企业扮演好连接、工具、生态三个角色，只有这样，人工智能等新一代信息技术才能发挥出应有的效用。

"AI + 制造"的转型痛点与路径

在人工智能应用领域，从企业发展的角度来分析，怎样借助人工智能技术实现企业规模的增长是诸多企业要集中克服的难题。现阶段下，企业在实现这个目的的过程中，缺乏专业人才与人工智能技术的支持。立足于传统制造业的角度来分析，人工智能技术的复杂性提高了企业的应用难度。当前，多数企业对人工智能技术都缺乏深度的认知，也无法充分发挥其价值。此外，除了专业的人工智能科技企业，大部分企业在人工智能应用方面都缺乏专业人才。

和人工智能技术的应用一样，人工智能整合战略也并非一项简单的工程，在实施过程中要进行数据获取、结构制定、项目次序排列等。不仅如此，优秀的人工智能战略专家非常稀有。企业转型会从各个方面对企业的运营产生影响。在改进劳动力结构的过程中，企业还要解决文化方面的问题，促进劳动力的成功转型，这是一个长期的过程。为了让员工适应变化后的工作环境，企业应该对员工进行培训。此外，在引进先进技术、培养专业人才的同时，企业还要让员工明白，应用人工智能并非是为了代替人工，而是为了提高员工的工作能力，加速企业运转，提高整体运营效率。

目前，制造业在发展过程中存在的许多问题，都可通过人工智能的应用来解决。如今，部分人工智能技术在一定范围内得到了应用，但其应用范围仍然有待拓宽，主要问题在于人工智能技术本身比较复杂，企业在人才等资源方面缺乏有力的支持。

人才短板是传统制造业在人工智能应用方面存在的主要问题之一。针对这个问题，要体现人工智能公司在人才培养方面的价值，在传统行业进行智能化转型的过程中，帮助企业进行人才培训。传统制造企业通过使用人工智能技术，能够以自动化操作来完成某些任务，让员工负责更高层级的工作，促使员工发挥其潜能，为公司的发展创造更大的价值。

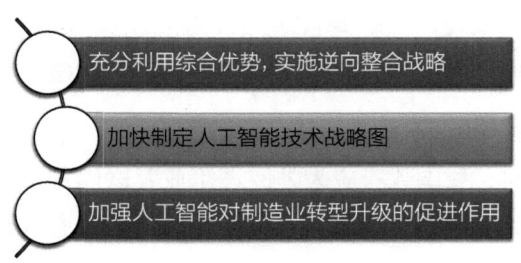

图2-4　"AI+制造"的转型路径

◆ **充分利用综合优势，实施逆向整合战略**

在优化人工智能应用场景及商业布局方面，我国制造业优势显著，可利用此优势对全球创新资源进行整合，特别是人工智能基础技术、关键技术、关键零部件与装备等方面的创新资源。同时要鼓励先进的制造业企业利用技术方面的优势，以国内庞大的市场和雄厚的资本力量为依托，与国际领先企业就核心技术、关键技术的研发达成合作，进入发达国家的创新网络，逐渐积累技术研发与创新能力。另外，我国先进的制造业企业还可以与国际先进企业合作，在海外设立人工智能研发机构，利用国际创新资源增强自己的研发能力，做好人工智能核心技术与关键技术的研发工作。

◆加快制定人工智能技术战略图

我国要围绕制造业人工智能技术的发展制定路线图，定期修订，以便各行各业能对人工智能技术的发展趋势做出准确把握。在判断人工智能发展趋势，制定技术战略图的过程中，不仅要让全社会对人工智能技术的发展趋势达成共识，还要增进学术界与产业界的沟通与交流，就人工智能发展方向与突破口等话题进行深入交流，从而实现知识融合、扩展与深化，为人工智能技术的创新应用提供支持与助力。

◆加强人工智能对制造业转型升级的促进作用

面对新一轮国际分工，我国要科学选择人工智能的发展方向与领域，整合资源、打造特色，向高端环节迈进。在我国众多行业中，制造业的国际竞争力相对较高，所以要科学选择重点投资领域，紧抓优势制造领域，率先在该领域发展人工智能，同时，也要推动图像、语言识别等领域的人工智能大力发展。

与此同时，我国政府应大力促进工业互联网的发展，为传统工业转型升级提供多方面的支持。很多企业参与到工业互联网建设中，推出一系列促进产业转型的政策，积极引进并应用大数据、互联网、人工智能等先进技术手段，成为工业互联网发展的引领者。

分析世界传统制造业的发展情况可知，发展中国家的制造业转型与发达国家的表现是存在区别的。发展中国家的制造业通过使用人工智能技术，能够扩大生产规模并实现成本节约。中小企业可利用人工智能技术将产品销售范围扩大到国际市场，获得更多利润。对于发达国家而言，制造业与人工智能的深度结合发展，能够促进产品升级与设备革新，使企业实现更多的经验积累。

大数据、云计算、物联网、人工智能技术等将促使传统制造业进行改革，颠覆以往的企业生产模式、产品设计、价值链构成等，促使企业采用新的商业模式开展运营。在先进技术的驱动作用下，企业开发出来的产品将承载更多信息，并体现出智能化特点。

与此同时，制造业的价值链组成方式将发生变化，使生产者能够跨越中间商与消费者直接进行交易。此外，企业会改革传统生产方式，根据订单需求生产，而不再是根据市场需求制订生产计划。企业会加快产品的研发、生产进程，并且能够方便地获取消费者的反馈信息。总而言之，技术的进步与发展能够推动传统制造业的转型升级。

2.2　工业物联网：制造业的智能变革

工业物联网的概念与内涵

美国麻省理工学院（MIT）的 Kevin Ashton 教授于 1999 年首次提出了物联网（Internet of Things，IoT）的概念。国际电信联盟（ITU）在 2005 年举行的信息社会世界峰会（WSIS）上发布了《ITU 互联网报告 2005：物联网》，使物联网概念在世界范围内实现广泛传播。2009 年，美国将新能源和物联网作为振兴美国经济的两大重点。同年，温家宝在无锡做出了建设"感知中国"中心的重要讲话，极大地推动了物联网在我国的研究与应用。

2017 年 1 月，工信部发布《信息通信行业发展规划物联网分册（2016—2020）》，明确提出："到 2020 年，我国具有国际竞争力的物联网产业体系基本形成，包含感知制造、网络传输、智能信息服务在内的总体产业规模突破 1.5 万亿元，公众网络 M2M 连接数突破 17 亿。"可以说，物联网已经成为推动我国经济发展的重要驱动力。

2017 年中国工业增加值总量达到 28 万亿元，占 GDP 比重的 33.9%。确保工业持续稳定增长是提高我国国际竞争力的关键所在，这要求国家大力发展现代化、智能化工业，而工业物联网是现代化、智能化工业的底层架构，是最为重要的基础设施之一。

CHAPTER 2　新技术：万物互联驱动"新制造"

工业物联网可以将具备强大感知能力的智能终端、泛在移动网络通信方式及移动计算模式广泛应用至整个工业生产流程，降低生产成本、提高生产效率、确保产品质量、节能减排。

业界主流观点认为，工业物联网体系架构由感知层、传输层及应用层三部分构成，北京邮电大学的马华东教授将运输层细分为数据交换层和信息整合层。考虑到智能由数据驱动的特征，在此我们将工业物联网架构分为数据基层、数据传输层、数据整合层及应用服务层。

工业物联网可以看作为物联网在工业领域的落地应用，不过，工业本身的特性使工业物联网和其他产业物联网之间存在明显差异，比如，工业物联网以短程通信环境为主，对数据传输实时性、可靠性、适应性有较高的要求。

为了实现时间同步的精确性，工业互联网在数据采集及传输环节必须保持同步。无线传感器网络是建设物联网的重要基础，而传感器本身的特性又很容易导致数据采集和传输环节难以同步，如何解决这一痛点，是发展工业互联网面临的时代课题。

和其他环境相比，无线网络在工业环境中的通信很容易出现数据包丢失问题，而工业互联网必须实现精确通信，否则可能会带来灾难性的危害。所以，提高无线网络通信可靠性，是工业物联网未来研究的重点方向。

之所以强调工业互联网的高适应性，是因为工业环境复杂多变，而且存在高温、腐蚀性、辐射性等极端环境（比如冶金、石油行业），相关设备与系统必须能够适应这种特殊环境。

近年来，越来越多的企业参与到了工业自动化建设中，而要实现工业自动化，就要充分发挥物联网与物联网技术的作用。事实上，物联网是在互联网基础上进行的延伸，高速发展的计算机与互联网为物联网的崛起打下了坚实的基础。在物联网的驱动作用下，世界各国都加入到了第三次世界信息产业革命中。在工业领域中运用物联网，可以加速工业自动化的进程。

工业物联网的发展现状

主流的工业物联网研究标准包括 WirelessHART、isa100.11a、WIA – PA 标准，其中，前两种标准是国际通用标准，而 WIA – PA 标准是中国工业无线联盟根据实际情况制定的国家标准，该标准由中科院沈阳自动化研究所牵头制定。科研院所与高校（比如清华大学、北京科技大学、西北工业大学等）为我国工业物联网的研究发展做出了巨大贡献。

传感器网络（Wireless Sensor Network，WSN）是工业物联网应用的枢纽。为了更好地适应工业环境，确保数据传输的可靠性、稳定性，传感器网络需要充分考虑大型机械、金属管道可能会反射与散射无线信号引发的多径效应，以及发动机、器械等工作过程中的电磁噪声干扰无线通信等因素。

WIA – PA 标准为工业互联网应用提供了能够实现自组织、自治愈的 MESH 路由机制，该机制是指可以让 Sensor 节点与 Sink 节点自动连接，即便链路失效，也能通过自动启用备用链路完成数据的高效、稳定传输。WIA – PA 标准兼容 IEEE802.15.4 标准，在提高短程通信可靠性方面表现极佳，被广泛应用至冶金生产、石油开采、污水处理等领域。

毋庸置疑的是，生产过程参数是影响最终产品的关键因素。一个细微环节参数发生变化，可能会导致产品性能明显改变，对大量参数数据具有较高依赖性的钢铁生产等过程的影响尤为突出。如果不能确保过程参数精准性，很容易带来严重的资源浪费问题。

企业可通过引入实时监测系统对生产过程参数进行监测，在发现某项或多项参数超过阈值时，结合生产过程的实际要求执行传感器重新传输或删除问题数据等操作。

CHAPTER 2 新技术：万物互联驱动"新制造"

感知设备必须在性能、材质、形状、体积等方面满足一定的要求，才能更好地适应工业环境。目前，世界范围内有上万家传感器厂商提供民用级、工业级、军用级等多种传感器产品。MEMS（微机电系统）、SOC（系统级芯片）的不断成熟，以及新材料等技术的持续突破，为提高传感器的适应性奠定了坚实基础。目前，传感器在工业领域的应用痛点主要集中在应用成本高及高端传感器产能不足方面。

作为物联网技术应用的典型代表，凭借低成本、操作便捷等优势，RFID被企业界广泛应用。比如，将RFID应用到库存管理环节，通过管理人员使用手持终端对库存设备进行扫描，即可获取各类商品的仓储信息，显著降低了劳动强度，并大幅度提高了工作效率。

确保设备的稳定、高效运行，是工业生产过程中的重要工作。为此，企业需要通过应用RFID等物联网技术实现对设备运行状态的实时监测。比如，太原钢铁有限公司在设备的点检部位安装RFID，让点检员可以随时通过手持终端扫描RFID来获得该部位的温度、侧移等重要数据，然后将这些数据和点检系统存储的设备标准数据进行对比即可发现问题，从而及时采取有效应对措施，提高生产效率，降低次品率。

冶金、煤矿、石油是典型的高污染行业，为了督促相关企业遵循绿色环保可持续理念，应用物联网技术来对生产过程中涉及污染物排放与治理的环节进行实时监测是很有必要的。比如，在重点排污企业污染源口安装无线传感设备，对其排污数据进行实时监测，并通过远程控制手段对排污口执行开启或关闭操作，防范恶性环境污染事件的发生。

推动工业物联网发展，需要海量的传感器设备提供强有力的支持，耐高温、抗腐蚀、抗干扰的专用传感器设备的研发更是重中之重。两化融合是工业发展的主流趋势，而物联网在工业领域的应用，为推进两化融合提供了新的思路。目前，部分制造企业已经具备了相当高的信息化管理水平，建立了基于ERP的现代企业管理体系，能够让关键信息在组织内部及供应链上下游企业之间进行实时传输。

ERP 是现阶段成熟度最高的现代化企业管理解决方案，它使企业管理者实时获得企业生产经营信息成为可能。同时，SCM、CRM 等解决方案在企业中的应用，将促使制造业从传统制造向智能制造转型升级。

自动化技术是发展现代制造业的重要推力，而物联网和自动化技术的融合应用，使此前被动、滞后、集中在少量环节的传统信息采集模式，转变为自动、实时、全方位、精准的整个生产过程信息采集模式。传统工业生产以 M2M（Machine to Machine，机器对机器）通信为主，缺乏与人及系统之间的交互，而物联网将以 T2T（Things to Things，物对物）通信为主，使人、机器、系统能够实现无缝对接。这将使企业和物流商、供应商等合作伙伴，以及用户建立更为密切的连接关系，更为灵活地应对市场竞争。

物联网应用到钢铁行业后，管理者可以对原材料、产品的价格变化，对竞争对手的营销策略等进行实时监测，从而调整产能计划、库存计划、营销计划等；同时，引入基于 ERP 的管理模式，企业可有效提高管理水平，充分激发组织成员的工作潜能。

工业物联网的关键技术与难点

◆ 工业物联网的关键技术

（1）识别技术

作为物联网技术的基础构成部分，识别技术的应用十分广泛。进行物物交换时，所有交换物都附带专属性的识别代码，这个代码具有特定性，可能在某段时间内特定或是永久特定，也可能是某个领域内专用的识别代码。某些情况下，一个交换对象附带的识别代码不止一个，但这些代码所表示的身份信息具有唯一性。要进行代码识别，就要用到物联网识别技术，为此，企业要注重对这项技术的研发。很多物体包含了多个小物体，为了方便进行物体识别，企业可以给大物体配备物联网识别技术工具，从

CHAPTER 2　新技术：万物互联驱动"新制造"

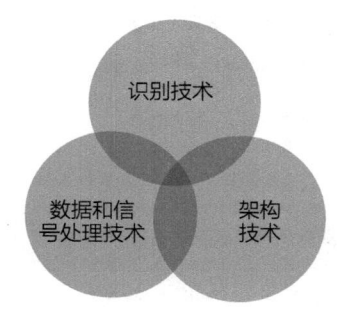

图 2-5　工业物联网的关键技术

而对每个小物体的代码进行识别。

（2）架构技术

在对交换对象进行识别时，要用到物联网的架构技术。在那些由多个数据库系统组成的异构信息系统中，信息提供方与需求方之间在进行数据共享时，要通过物联网的架构技术实现资源、数据、信息的双向传递。具体而言，要实现信息交换，就要在双方之间建立可互操作性关系，而互联网的架构模式能够实现这一点。另外，只有在具备非语言环境的基础上，才能采用这种方式实现可互操作性关系，但信息提供方与需求方之间的操作环境因开放程度较低而无法提供有效的支持。在这种情况下，运用互联网的架构技术就能对运作空间进行延伸，从而达到信息共享的环境要求。

（3）数据和信号处理技术

工业自动化包含多个方面，具体如企业在生产环节、销售环节的自动化。在具体运行过程中，企业要对生产、销售运营的各类数据信息进行收集与处理，这就要用到物联网数据处理技术，并通过互联网平台实现数据分析与信息传递。在工业自动化发展过程中，企业在进行数据分析时，要考虑语义的可操作性，通过物联网的识别技术、架构技术来处理智能识别设备所提供的数据资源，借助结构化信息标准推进技术来提高数据分析的效率与精准度。

◆**工业物联网需要解决的难点问题**

工业物联网是一项涵盖通信、计算机、自动化、管理科学等诸多学科的交叉性领域，其发展尚存在以下问题：

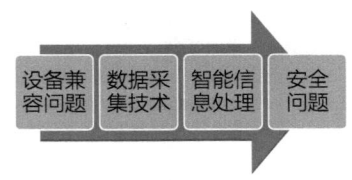

图 2-6　工业物联网需要解决的难点问题

（1）设备兼容问题

如何让物联网中的传感器和设备本身的传感器及系统相互兼容，是发展工业互联网面临的重要问题，而建立统一标准是解决该问题的关键。虽然目前，HART、ISA、WIA-PA 三大工业无线标准都已兼容 IEEE802.15.4 无线网络协议，但三者相互间的兼容性较差，从而给应用不同标准的设备相互兼容带来诸多困扰。

（2）数据采集技术

工业互联网领域的传感器不但要追求低成本，更要具备较高性能。未来，企业需要研发更为智能、更具兼容性，传输更为精准、高效的传感器技术。智能数据采集技术是工业物联网未来发展的一个重要分支。目前，全球范围内已经出现了基于不同设计理念的智能采集系统，但应用成本较高、系统可靠性较差等问题尚待解决。

（3）智能信息处理

海量的工业大数据，对工业物联网的实时处理能力提出了较高的挑战。目前，虽然存在多种大数据处理解决方案，但考虑到呈指数级增长的数据规模，这些解决方案是很难满足实际需要的。

（4）安全问题

安全问题是发展工业物联网过程中要解决的重点问题，如果不能保障企业自身的经营数据、用户隐私数据、国家安全数据等数据的安全性，很容易造成严重的社会危害。想要解决这一问题，除了研发相关安全技术与产品外，更要加快研究制定数据保护法律法规，对企业数据应用进行监督，充分保障个体与组织的合法权益。

中国已经连续多年成为世界第一制造大国，我国政府又将发展新型工业化升级为国家级战略。物联网在工业领域的应用，必将为加快工业化进程，发展现代工业，注入源源不断的活力与发展动力。

工业物联网在制造业的主要应用

在物联网快速发展的今天，不少行业在进行自动化建设与发展的过程中，大力推进物联网技术的应用，旨在发挥其在生产流程、生产制造中的作用，促使企业提高产品质量、加速整体运作，实现资源的优化配置，扩大利润空间，获得更加长远的发展。

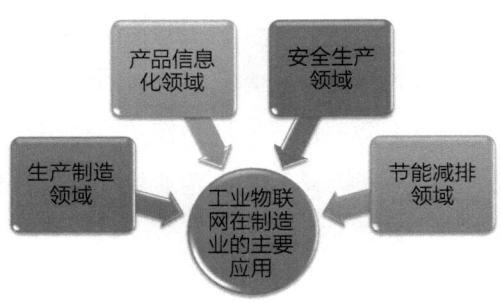

图 2-7　工业物联网在制造业的主要应用

◆ **生产制造领域**

当前，很多企业都已经将物联网技术应用到生产制造领域里，实现了各个生产制造环节与该技术的结合。举例来说，企业将物联网技术应用到生产环节，利用数据统计与分析技术进行信息获取，将物联网识别技术应用到生产检测环节，用于对产品质量进行检测、统计原材料的消耗情况等。促进工业生产制造与物联网的结合发展，可以提高其生产运作的自动化水平，并降低企业在该领域的成本消耗，有效促进企业管理能力的提升。

◆ **产品信息化领域**

在消费升级时代下，产品质量与安全性成为人们考虑的重点因素。企业通过关注产品信息来做出科学的判断。因此，在工业自动化中，产品信息化成为企业不可忽视的一环。要想提高消费者对工业产品的认可度，就要促进产品的信息化发展。在这方面，物联网能够进行远程控制与实时追踪。将其应用于工业产品信息化发展过程中，既可以提高企业的信息化管理能力，又能促使企业达到产品信息化发展的目的。

◆ **安全生产领域**

安全性是工业企业在生产环节要遵循的基本原则之一。物联网技术中包含的智能感知、红外线感知、智能定位技术等，能够在工业生产环节中发挥重要作用，帮助企业实现安全生产。具体而言，企业可以为操作人员、生产机器等配备物联网技术设备，在企业进行生产运作的过程中，实现对操作者及生产机器的有效监控，发现操作及运行过程中存在的安全隐患，及时予以解决，通过这种方式来提高企业生产的安全性，尽量避免在工业生产过程出现安全问题。

◆ **节能减排领域**

企业要想获得更加长远的发展，就要提高自身的可持续发展能力，为此，要减少工业生产及运行过程中的能源消耗，减轻环境负担。很多传统工业普遍存在高污染、高能耗问题，可通过物联网技术，利用自动监测技术、传感识别技术等，强化企业对生产过程的监管，通过这种方式来监测企业在生产环节的能源消耗情况，以及生产过程中产生了多少污染物。如果能源消耗过多，或者污染物排放过量，监测系统能够自动启动控制方案来改变这种局面。由此可见，企业可利用物联网技术来提高自身发展的持续性能力。

　　工业领域在进行自动化发展的过程中,应该促进物联网技术在各个环节中的深度应用,提高整体发展的自动化水平,为国内工业经济的发展做出积极的贡献。物联网技术的应用能够促使企业在管理模式方面进行创新,对生产环节进行自动化改革,实现企业的自动化生产,并提升其管理水平,进而提高整体的运营效率,向市场输出更加优质的产品,减轻环境负担。

2.3 工业大数据：赋能数字化转型

新一轮产业革命的核心驱动力

"中国制造2025"战略强调："加快推动新一代信息技术与制造技术融合发展，把智能制造作为两化深度融合的主攻方向；着力发展智能装备和智能产品，推进生产过程智能化，培育新型生产方式，全面提升企业研发、生产、管理和服务的智能化水平。"如今，无论是德国，还是中国，乃至美国、日本、法国等都将智能化与互联网作为推动制造业转型的重点。

之所以强调制造业的智能化和互联网化，是因为二者对制造企业具有强大赋能能力，具体而言，这种赋能能力体现在以下几个方面：

（1）运用互联网思维让制造企业从"产品本位"转变为"用户本位"，重视对用户需求的把控能力，鼓励用户参与设计研发、定价、营销等环节之中，为用户提供优质的个性产品与极致购物体验。

（2）通过对消费大数据的采集、分析及应用，调整生产、库存、营销等计划，更好地适应动态变化的市场环境与用户需求，从面向大众的大规模批量生产转变为精准到个体的小批量、多频率定制供应。

（3）整合企业采购、研发、生产、营销等经营数据，实现企业经营可视化，提高企业的经营水平。

CHAPTER 2　新技术：万物互联驱动"新制造"

◆ **利用大数据驱动业务发展**

制造企业行业面临着人力等经营成本不断提升、产品生命周期越来越短、用户需求越发个性化等一系列挑战。在更短的时间内，以更低的成本、更高的质量满足用户需求，应该是所有制造企业永恒的追求。然而很多传统制造企业对用户需求缺乏深入认识，根据主观臆测开发产品与服务，造成库存积压。同时，企业为了解决库存积压普遍选择降价促销，引发恶性价格战，导致其发展陷入困境。

大数据时代下，所有制造企业都需要掌握数据处理与开发能力，建立大数据驱动业务发展机制，提高产品质量、降低运营成本、拓展更多的新业务。比如，罗尔斯·罗伊斯公司为其引擎产品开发了健康模块，模块包含大量传感器，能够实时收集引擎各零部件与系统数据，数据经过特定算法处理后，将会生成引擎运行状态报告，从而让罗尔斯·罗伊斯公司发现引擎存在的安全隐患，并及时通知客户进行引擎检测与维修。

统计数据显示，罗尔斯·罗伊斯公司[①]将大数据技术应用至其引擎产品的30年时间里，产品平均寿命大幅度提升，比同行业引擎产品的寿命提高了近10年，而且飞行安全性进一步提升。更为关键的一点在于，该公司从传统的引擎产品销售商转变为飞行方案供应商，通过溢价能力极高地增值服务，大幅度提升了自身的盈利能力。

◆ **盘活存量数据、用好增量数据**

制造企业为了更好地分析市场现状、趋势及用户需求，必然需要进行大量的数据处理工作，同时，企业日常经营管理过程中，也会产生海量数据。所以，充分发掘数据价值是制造企业的主流趋势，也是企业信息化建设发展到一定阶段后的必然结果。

需要指出的是，制造企业不能将大数据简单的视作为企业信息化建设

---

① 罗尔斯·罗伊斯（Rolls Royce）是英国著名的航空发动机公司，也是欧洲最大的航空发动机企业，它研制的各种航空发动机广为世界民用和军用飞机所采用。

的手段与工具,而应该运用数据思维管理业务并开展一系列创新活动,持续对自身的业务流程进行优化完善。

如何打通数据采集、整合、分析及应用的整个流程,培养组织成员的数据思维,是所有制造企业面临的重要课题。互联网企业无疑在这一方面取得了领先优势,是制造企业应该学习的重点对象。

为了迎接大数据时代,阿里巴巴早在 2012 年就进行了组织架构调整,设置 CDO(Chief Data Officer,首席数据官)岗位,由其全面推进阿里巴巴打造"数据分享平台"的战略,同时,组建由各数据部门管理者组成的数据委员会,对不同数据部门进行协调,为阿里指明科学合理的数据应用方向,并制订数据应用规划,促进数据资源的高度共享及充分发掘。

工业大数据的特征与应用

过去,制造企业的一切活动都是以产品为中心的,其根本目标就是降低生产成本,增加企业利润。但在新的市场形势下,制造企业必须转变这一观念。部分制造企业认识到了这一点,将以产品为中心转变为以顾客为中心,并开始关注大数据,积极获取顾客需求与喜好,有针对性地生产产品,紧抓顾客需求,增强企业的核心竞争力。对于制造企业来说,如何获取顾客数据,对数据进行挖掘、分析,从中获得更多有益信息,挖掘出更大的价值是一个关键问题。

进入信息时代以来,各类信息大爆发,制造业企业要对这些信息进行有效甄别,选择自己需要的信息,然后对其进行分析、挖掘,从中获取有价值的信息。

进入大数据时代以来,大数据承载的各类信息让企业的决策更科学,减少了错误决策出现的概率。为此,越来越多的制造企业提高了对大数据的重视程度,积极尝试从中挖掘更多有价值的信息,并在获取信息的同时应各商家的要求,通过互联网对信息进行共享。随着网络通信迅猛发展,在大数据的辅助下，这些创新平台将获得不错的经济效益与社会效益。

◆ **工业大数据的主要特征**

（1）多源性获取、数据分散，以非结构化数据为主。工业大数据来源十分广泛，分属于不同的环节及主体，比如，车间提供的制造现场工控网监控数据、企业局域网提供的经营管理数据、借助互联网收集到的客户数据等。规模庞大、来源复杂，且以非机构化为主的数据，给企业的数据集成、处理及应用带来诸多挑战。

（2）数据关联性强。工业大数据的采集、分析及应用需要围绕产品全生命周期及价值链展开。数据之间存在较强的关联性，而且对精准性提出了较高的要求。在制定决策的过程中，企业不但要提供决策建议，更要通过数据分析给出依据。

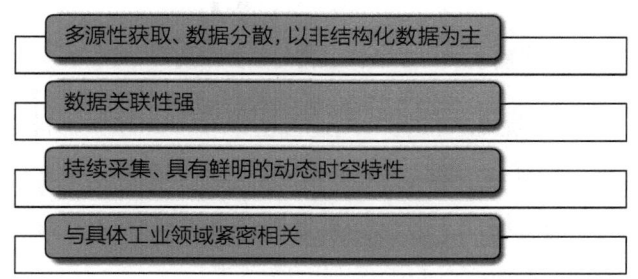

图 2-8　工业大数据的主要特征

（3）持续采集、具有鲜明的动态时空特性。大部分工业大数据是通过传感器设备与工控网络获取的，具有实时性、连续性、稳定性等特征，对数据存储及管理提出了较高挑战。此外，和金融、民生等领域的相关工业大数据还要具备较高的安全性。

（4）与具体工业领域紧密相关。工业大数据往往是面向特定工业领域的，对智能产品与信息物理系统网络有较高的依赖性。然而现行面向智能产品的故障检测能力较低，给产品可靠性分析带来诸多阻碍；面向信息物理系统网络的分析方法尚未完善，企业难以开展多层次、多阶段的闭环综合分析。

◆ **工业大数据的主要应用**

工业大数据是传统制造企业转型升级的重要推动力量。移动互联网、物联网、大数据、云计算等技术在制造领域的广泛应用，以及传感器设备的推广普及，使在设计、制造、仓储、营销、物流、售后等环节的工业大数据能够被高效低成本地实时采集，并为制造企业创造极高价值。

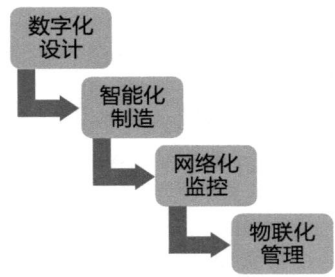

图 2－9　工业大数据的主要应用

（1）数字化设计。比如，波音公司通过运用 CATIA 软件（能够处理波音飞机 300 万个零部件尺寸与型号等数据）实现了飞机产品的全数字化设计。

（2）智能化制造。智能工业机器人等智能制造装备在日本、德国、美国、中国等多个国家的制造企业中得到广泛应用。

（3）网络化监控。飞机、机械集群等大型工业装备可实现远程实时监测，比如，波音飞机运行状态数据会实时上传至控制中心，飞行状态中，仅发动机模块每 30 分钟便可产生 10TB 数据；陕西鼓风机集团目前已经实现了对数百台旋转机械的远程在线监测与故障诊断等。

（4）物联化管理。将传感器、无线射频识别等技术应用到零部件与产品后，可以让设备接入物联网络，从而实现整个工业生产过程的数字化。

◆ **制造企业如何有效挖掘大数据？**

对于那些价值明显的数据，制造企业的高管人员自然能第一时间发现，并从中获取更多价值。但要想获取真正有价值的数据，企业高管就要进行深入挖掘。目前,我国大多数制造企业都没有建立强大的信息化基础,对知识管理的价值认识不深刻。数据挖掘技术的主要功能是发现数据中隐藏的规律及数据间的关系,将所获信息与自身业务相结合,辅助管理者做出科学决策。

为了保证数据的真实性,企业要从意识、管理、技术三方面着手采取一些有效措施:

(1) 引导企业全体员工,尤其是中高层管理者树立数据质量意识,正确使用信息系统,意识到数据之于系统的重要性,从而保证数据的真实性、准确性。

(2) 针对数据管理制定相关的规章制度,使数据管理尽量规范。

(3) 为保证数据质量,企业可引入一些先进技术与手段,对数据进行集中管理,精准地筛选出错误数据,以免对决策造成不良影响。

工业大数据的重点技术方向

为了有效解决工业大数据来源广泛、非结构化数据占比较大、精准度要求较高等问题,国内外企业在围绕产品全生命周期进行数据集成与管理、应用大数据技术进行数据分析及应用等方面开展了一系列的探索实践,为我们指明了工业大数据的重点技术方向:

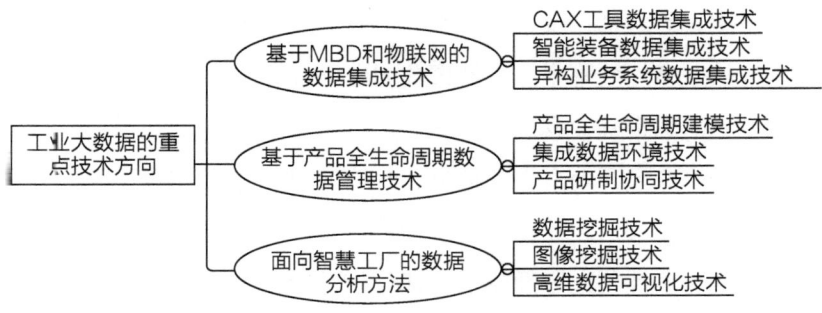

图 2-10 工业大数据的重点技术方向

◆ **基于 MBD 和物联网的数据集成技术**

（1）CAX 工具数据集成技术，主要被应用在产品设计环节的结构设计、电气设计、仿真、试验等过程中，能够明确产品材料、标准件、元器件的模型（包括参数模型和实体模型）与标准，以便实现不同 CAX 工具的共享使用，对 CAX 工具过程数据（比如输入、输出参数等）进行集中管理等。

（2）智能装备数据集成技术，主要被应用在对车间场景中的人、设备与系统进行实时监控与管理方面，能够通过大量传感器采集数据，使用电子标签进行人、物料及设备的识别与追踪。

（3）异构业务系统数据集成技术，主要被应用在制造企业内部的 ERP、PDM、TDM、MES、QIS 等各类业务系统中，能够借助流程平台、企业门户、企业服务总线等集成工具，对不同业务系统的数据、界面、服务、流程等进行集成，从而实现不同业务系统与部门之间的数据等资源共享及协同交互。

◆ **基于产品全生命周期数据管理技术**

产品全生命周期管理是将位于不同区域、属于不同主体的各类产品数据，整合成为标准化的产品信息资源的过程，涉及了供应商、生产商、物流服务商、C 端用户等多个参与主体，要求企业打造工作流平台和产品全生命周期模型，对包括产品设计、制造、质量、销售、市场、供应商、客户使用、产品报废处理等企业内外部数据进行收集。

利用产品信息资源，我们可以获取产品特征描述、功能描述、设计方案、资源应用等产品开发全流程数据，从而对项目进行实时追踪，为现有项目优化完善与新项目启动带来诸多便利。产品生命周期建模技术、集成数据环境技术与设计制造协同技术是基于产品全生命周期数据管理技术的三大核心技术。

（1）产品全生命周期建模技术。产品全生命周期模型是一种涵盖从产品设计生产到报废处理全生命周期的产品模型,具有统一性、可扩充性,能够完整地表达产品详细信息,并对产品全生命周期的各项性能指标进行全面表达与评价。该模型需要结合产品的更新迭代进行不断的完善,可以对通过设计模型自动映射为包括成本估算模型、可维护性模型、可装配性模型、可制造性评价模型在内的多种模型应用提供支持。

(2)集成数据环境技术。产品全生命周期数据需要分开存储,信息系统提供了数据集成的联邦机制。用户通过互联网存取数据时,应该确保所有数据的透明性、开放性,此时,建立一个电子仓库,用来存储并管理企业内外部产品数据就显得尤为关键。传统数据库管理系统是无法为电子仓库提供必要支持的,更为可行的方案是应用大数据与云计算技术。

(3)产品研制协同技术。社会化大生产成为主流趋势背景下,产品异地研制得到了广泛应用。异地设计需要实现不同区域、信息系统及平台的实时动态研发生产,是企业或供应链上下游企业之间开展全生命周期管理的支撑性技术。

◆ 面向智慧工厂的数据分析方法

智能制造的崛起,促使越来越多的制造企业打造"智慧工厂"。从诸多实践案例来看,打造智慧工厂需要建立大数据中心平台,建立集成数字技术、信息技术、智能技术的精益化大融合研制体系,构建建立在知识工程基础上的涵盖产品研发设计、仿真、实验、制造、检验、售后等诸多环节的服务型研制模式,逐步形成具备动态管控、自主创新、自我完善的智慧生态环境。

智慧工厂的智慧将会在企业的多个业务领域得到具体体现,能够对知识流、信息流、服务流、资金流及物流进行高度整合,推动企业产品与服务的不断创新。工业大数据的来源广泛、规模庞大、形式多元等特征,决定了制造企业必须引进新的数据分析手段,来对其进行管理并充分发挥商业价值。其中,数据挖掘技术、图像挖掘技术、高维数据可视化技术扮演的角色尤为关键。

（1）数据挖掘技术。制造企业在信息化建设过程中很容易遇到数据规模庞大却缺乏必要信息的不利情况，而数据挖掘技术为解决这一问题提供了有效方案。它能够从海量、离散的复杂数据中找到背后的联系与规律，因此也被称为知识发现技术。整个数据挖掘过程涵盖数据准备、规律寻找及规律表示三大阶段：

★数据准备。该阶段是将所需数据从数据库中筛选出来并整合成数据集。

★规律寻找。通过分类算法、聚类算法、回归算法、预测算法、关联算法等寻找数据集中的规律。

★规律表示。对规律进行总结并以能够被用户理解的形式展现出来。

（2）图像挖掘技术。产品全生命周期中存在大量非结构化数据（在企业数据中占比超过了80%），探索高效低成本的非结构化数据价值挖掘解决方案，是制造企业面临的重要课题。

比如，一家汽轮机制造企业通过 X 光机对叶片的焊接质量进行监测。此前，企业主要通过人工方式处理 X 光机拍摄的大量图像，验片员劳动强度大且需要在高亮环境中作业，对视力有较大负面影响。为了解决这一问题，该企业应用了图像挖掘技术，通过对多年发展积累的 20 万多张底片进行扫描，并采用聚类算法对叶片焊接特征进行提取，打造了能够自动检测焊接质量的专家库系统，仅需要人工进行少量的复查工作即可，在降低人力成本的同时，也提高了检测效率与精准性。

（3）高维数据可视化技术。将高维数据以图形形式予以表达，同时，运用交互技术，让用户方便快捷地理解其含义。比如，某件机电产品同时具备厂商、型号、性能、价格、售后服务等多维度数据，而使用传统商业智能手段是很难同时展现超过三维的数据关系的，而且用户理解的难度较高。

而应用高维数据可视化技术后,可以利用聚类算法将多维原始数据转化为低维数据,并利用分类算法找到其规律,然后再通过图形图像技术予以表达。比如,传统复杂机电产品的寿命数据是通过一序列的时间记录来展现的,而采用高维数据可视化技术后,企业就可以用图像方式来呈现产品从生产到失效的整个流程,让用户可以快速获取产品使用时长等信息。

案例实践:工业大数据的魔力

◆ 全生产过程的信息透明化

企业采用集成自动化与驱动解决方案可提高生产效率,让生产过程更加灵活。以原东德玻璃制造商 f l glass 为例,该企业的玻璃制造工厂可称为世界上最先进、最节能的一个工厂。该工厂拥有两套最先进的系统,一是能源管理系统,二是热回收系统。除此之外,该工厂还采用了集成自动化解决方案,让原材料供应、混合、融合,玻璃生产、玻璃表面精加工,物流配送等过程都实现了自动化。

在全集成自动化(TIA)方案的支持下,所有仪表、驱动、自动化及配电解决方案都能相互协同,从而打造了一个高效、灵活的生产流程。在过程控制系统 Simatic PCS 7 的作用下,一个全长 700 米设备上的 3000 个测量点都实现了可视化控制,实现了全天候安全可靠运行。

◆ 生产设备的优化运行

德国安贝格西门子工厂的主要任务就是生产 Simatic 系列可编程逻辑控制器(PLC)。该工厂的大部分生产流程都实现了数字化,能够从实际生产活动中独立出来,实现了仿真与优化。在 Simatic IT 制造执行系统的支持下,企业的生产过程更加灵活,生产效率得以大幅提升。Simatic IT 制造执行系统支持管理人员在 1 分钟内更换产品,调整生产工序,对于自动化系统来说,能做到这一点非常不易。

除此之外,每天有 100 多万个测量事件接连不断地涌入中央系统,可利用数据矩阵码扫描器和 RFID 芯片对产品信息进行采集，将其加载到上位中央系统，保证数据一致。如此一来，控制系统就能获取所有产品信息，比如产品状态、是否通过检验等。如果产品没有通过检验，控制系统会按照事先设定好的程序加以干涉，比如自动向品控部门发送邮件、告知技术人员相关信息以便进行维护等。同时，品控部门还将收到一份信息清单，里面包含丰富的信息，比如装配计划、故障诊断等。

西门子工厂通过采用这一技术，将产品误差缩至最小，误差比率低至万分之十五，也就是说产品的合格率高达 99.9985%，这一点几乎无人能及。

◆ **产品的持续跟踪服务**

1987 年，美国通用汽车收购休斯电气公司，整合各自的专业技术和经验开发出了 OnStar TM 系统（安吉星系统）。该系统最初的功能就是远程监控、处理危机事件。比如，如果用户丢失了车钥匙，该系统可以远程帮用户打开车门；如果汽车在行驶过程中发生故障，该系统可远程诊断；如果汽车在行驶过程中发生碰撞，该系统还可以为其提供紧急救援。这是汽车领域第一次尝试通过远程数据采集为用户提供服务，显然，这次尝试非常成功。

再比如，2005 年，日本小松机械推出了 Komtrax TM 系统，利用 ICT 技术对汽车进行远程管理，收集车辆的使用数据和各种信息，及时将其反馈给用户，辅助用户做好车辆的日常保养，让车辆各部件都保持良好的运行状态。

该系统还可以判断设备的使用工况，比如，如果用户在海边使用挖掘机，由于土质松软，挖掘机无法固定，需要在超负荷的工况下运行，Komtrax TM 系统可对这种工况做出准备判断，及时提醒用户使用风险，并给出规避风险的有效建议。2005—2006 年，小松机械派遣工程师前往美国，与美国 IMS 中心合作，共同开发出智能维护分析工具，为各种设备的

CHAPTER 2　新技术：万物互联驱动"新制造"

远程管理提供有效的信息服务。

◆ 为企业提升新的服务价值

2005年，GE Aircraft Engine（GE飞机发动机公司）更名为GE Aviaton（GE航空），表示企业转变了业务模式。原来，GE Aircraft Engine只研发、生产、销售发动机，更名后，GE Aviation致力于为用户提供包含发动机运维管理、运营优化、能力保障、财务计划在内的一整套解决方案，还可以为用户提供很多周边服务，比如安全控件、航管控件、航行信息预测、排程优化等，进一步拓展了企业的盈利空间。

比如，GE航空为顾客提供"On–Wing Support"服务时，可在飞机飞行的过程中对发动机的运行状态进行实时监控，预测发动机可能出现的故障。一旦发现发动机即将发生某种故障，系统就会立即发出警报，通知相应的机场在飞机落地前做好排障准备。这项服务不仅提升了发动机的使用率，还切实保障了飞机的飞行安全。

该项服务推出后，从美国芝加哥飞往上海的航班落地后只需停留3小时就能返航。航班周转率得以大幅提升，航空公司因此获得了更多收益。在推出这些服务之后，GE不再只是一个只销售发动机的发动机供应商，而是转变为航空信息管理服务商，能够为顾客提供多元化的航空管理服务。

2.4 区块链：工业4.0下的制造新思维

区块链与工业4.0战略

区块链技术不仅给金融行业带来了巨变，还在逐渐向其他行业渗透。作为一种分布式记账技术，区块链技术具有去中心化的特点，不再依赖第三方公证机构。即便某个分布式节点发生故障，整个系统的运行也不会受到影响，而且区块链记录的数据不可修改，无法造假，因而成为备受企业喜爱的数据存储与记账模式。

比特币出现之后，很多企业的财务处理方式都有所改变。但比特币只是一种加密货币，是区块链技术的一种体现。在区块链技术的支持下，比特币的所有者可以不通过任何中间人（比如银行）安全交易。如今，除金融行业以外的其他行业逐渐发现了区块链的益处，比如制造行业发现，引入区块链技术有利于推进工业4.0战略。

工业4.0是一场数字化革命，被认为是第四次工业革命，其目的是让虚拟世界与物理世界建立连接，比如利用"数字化双胞胎"让工厂中的设备与计算机中的虚拟模型建立连接，让生产过程实现高度可视化。在区块链的作用下，人与机器、机器与计算机可以非常容易地建立连接，相互交互、相互理解。

近年来，全球价值链分工不断深化，制造业的供应链持续拓展，日渐

CHAPTER 2　新技术：万物互联驱动"新制造"

碎片化、分散化、复杂化，使得供应链管理越发困难。在这种情况下，供应链透明度越来越差，供应链上下游企业的沟通成本越来越高。作为一种能够重塑信任的工具，区块链能帮制造企业增强供应链掌控能力，实现高效、准确的产品溯源。

装备系统信息化建设需要信息技术的支持。自进入信息时代以来，数据安全备受关注。区块链因为具有去中心化、可编程、时序性、自治性、匿名性、安全可信等特点，可用于装备制造与管理系统的构建。

据分析，随着区块链技术的推广应用，企业架构、互联网产业的生态、社会秩序、生产关系，甚至全球经济格局都将发生较大的改变。有人认为，区块链的发展前景异常广阔，必将深入各个行业，使很多行业现有的生态环境得以变革，装备制造业就是其中之一。未来，"区块链＋制造业"必将进入智能制造领域。

数字革命降低了信息传输成本，提高了信息传输效率，却没能解决信息安全与信用问题。没有信用的信息自然缺乏价值。于是，第二代互联网开始致力于以去中心化的方式建设全球信用。对于区块链来说，降低价值传递成本，提高价值传递效率是历史使命。

目前，区块链在金融支付领域应用比较广泛，多用于跨境支付、身份确认、股票交易等。除此之外，区块链还能在 M2M 领域发挥重要作用，也就是可在工业4.0体系下对制造业产生重要影响。

M2M（Machine to Machine），意为机器与机器（传感器与传感器）连接的网络。在传统的物联网模式中，企业要所有信息汇聚到中心化的数据库中，而中心化的云服务器、大型网络设备的建设与维护都需要非常多的资金。

进入工业4.0时代之后，信息物理系统将连接数百亿的设备。这些设备将产生海量数据，而且设备之间要实现实时通信，这样一来传输成本就更高了。根据 IDC 预测，未来，物联网将连接1000亿的传感设备，如果这些设备产生的数据全部存储在一个中心化的服务器中，信息安全与节点信任问题将难以解决。

在这方面，区块链提供了有效的解决方案。区块链以去中心化的点对点的通信模式低成本、高效率地处理交易信息，使大型数据中心的安装、维护成本大幅下降，同时还能将计算、存储需求分散到各个联网设备中。这样一来，即便某个网络节点被攻破，整个网络也是安全的，从而使整个信息物理系统的安全得到强有力的保障。

在区块链中，所有设备都可以自行升级，确认对方是否可信，并自动地为资源或服务付费。在区块链技术的加持下，机器可自动执行数字合约，无须人为鉴别真伪，从而实现自我维护与服务，真正实现智能化。因为智能设备之间可以自行交易，所以会产生新的商业模式。未来，在物联网环境下，每一个设备都有机会成为独立的商业主体，无须耗费太多资金就能和其他设备分享自己的资源。这样一来，整个物理世界都能高效运转起来，使商业发展空间得以有效拓展。

区块链对制造业的价值

◆降低制造业的成本

作为一个点对点的数据存储系统，区块链很难改变，所以它可以保证所有数据的安全性，即便某个节点发生故障，该节点存储的数据也不会丢失。所以，制造商可以非常放心地使用区块链技术保存、传输文件，无须担心文件安全。如果文档进入共享状态，系统就会重新创建一个块，加在以前的块上，从而形成可以跟踪的链。如此一来，所有人都能看到信息流向，使供应链的可追溯性大幅提升。

制造企业的供应链分布范围极广，经常跨国，而且发货交易时段经常不一样。在这种情况下，跟踪产品研发、制造、交付过程中的每个组件就变得异常困难。而借助区块链，制造企业可以构建一个更安全、更智能的供应链,做到实时可见。

通过高度透明的供应链系统,制造商可迅速发现、解决突发问题。产品本身的问题也好,系统的安全漏洞也罢,在区块链下都无所遁形。区块链的应用能够减少不良产品的出现率,降低产品售后被召回的可能性,从而使产品制造服务成本得以大幅下降。

◆ **防止数据操纵和篡改**

随着工业互联网的不断发展,制造企业的数字化进程持续推进,制造业成为黑客攻击的新目标。所以,网络攻击已成为制造业最常见的威胁。对此,区块链提供了一种新方法来提升网络安全,防止企业受到网络攻击。区块链利用这种新方法存储信息,防止信息被篡改,从而在最大程度上保证了信息安全。

区块链提升了文档、流程链的可视性、透明性,让供应链合作伙伴可实时查看产品及流程。在区块链技术的作用下,每一笔交易都可以跟踪、审计。相较于过去的集中式网络来说,区块链技术的分布式网络很难被攻击。因为在分布式网络中,黑客攻击单一的节点毫无意义,要想篡改数据必须攻击所有节点。另外,企业每次存储数据,区块链就会创建一个新的块,黑客攻击某个区块时也会创建新的区块,而且企业能立即发现被攻击的区块,以及时采取应对措施。

◆ **自主性机器维护保养**

进入工业4.0时代之后,企业将引入大量自动化设备、传感器、执行器,这些机器的维护需要消耗大量人力、物力。而且为满足这些设备的维护保养需求,管理者必须不断学习先进技术,提升自己。

面对大批量设备的维护保养问题,很多工厂都在尝试采用新方法,比如根据设备的运行状态有针对性地采取维护措施,提前进行预测性维护,等等。除此之外,工厂还可以利用人工智能技术对设备进行诊断,及时发现问题,提醒管理人员进行维修,从而减少停机时间。在这个过程中,区

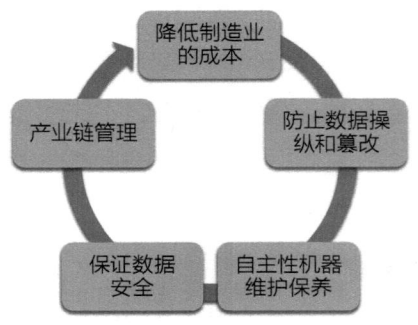

图 2-11 区块链对制造业的价值

块链可极大地提升机器的自主性,让企业在机器损坏前下单更换零部件,将制造商、零部件供应商紧密地衔接在一起。

◆ **保证数据安全**

随着互联网不断发展,网络数据安全逐渐成为热门话题。区块链利用加密算法记录数据,将许多个单个节点串联在一起形成区块,然后进行全程跟踪,防止数据被篡改。制造业引入区块链技术之后,交易节点的分布式网络有效地保障了数据安全,使黑客难以入侵。再加上,区块链会在黑客入侵时创建一个新的区块,企业能够发现黑客信息并进行跟踪,导致黑客入侵区块链的难度非常大。所以,制造业引入区块链之后,可借助各种技术保证数据安全。

◆ **产业链管理**

近年来,产业结构不断升级,产业链构建已成为制造业关注的重点话题。制造企业的产品生产、销售、售后等过程需要连接在一起,提升整个链条的透明度,保证整个流程可追溯。在区块链技术的支持下,企业可构建基于互联网的联盟链,检测制造材料,把控产品质量,防范信任危机。除此之外,借助区块链技术,企业可对售后场景进行跟踪,及时对产品质量问题进行检测,快速解决售后问题,提升售后服务水平,提升顾客满意度。

从技术层面看，区块链全面融入制造业之后，制造业的生产架构将全面升级，制造业将得以彻底改变。虽然从目前的情况看，制造业对区块链的应用还不明确，但随着区块链技术的不断成熟，企业通过借鉴区块链与金融业的融合经验，将使区块链技术在制造业各个场景中得以应用。

基于区块链技术的智能制造

信息技术快速发展、不断更迭，使得人类的生产生活发生了巨大改变。从宏观角度看，人类历史的发展过程中与信息技术的更迭过程近乎重叠。纵观整个人类发展史，迄今为止，人类一共经历了5次信息技术革命，每一次都使社会生产力得以大幅提升，使原有的生产关系被颠覆，使生产方式得以创新发展。区块链就是信息技术持续发展的产物。

智能制造就是一种人机一体化的智能系统，该系统由智能机器和人类专家共同组成，可在生产制造的过程中开展一系列智能活动，比如分析、推理、判断、决策等。在智能制造环境下，智能机器可取代一部分人类专家的脑力劳动。智能制造革新了制造自动化这一概念，让生产活动真正做到了智能化、高度集成化、柔性化。

目前，制造业存在一些通病，比如信息不对称、供应商上下游企业沟通不畅、资金不共享、对市场响应速度慢、交易费用高、没有掌握高精尖的核心技术等。在这些问题的制约下，制造业很难实现更好的发展。

而在区块链技术的作用下，传感器、控制模块与系统、ERP系统、通信网络等实现了有机连接。借助统一的账本基础设施，企业、设备厂商、安全生产监管部门能对各个生产环节进行长期监控，切实保证生产安全，控制产品质量。

同时，因为区块链账本记录可追溯、不可篡改，为企业审计工作的开展提供了诸多便利，审计部门可及时发现问题、追踪问题、解决问题，对系统进行优化，使整个生产制造过程的智能化水平得以切实提升。

信息一旦存入区块链就无法删除、更改，所以区块链存储的信息一定是最原始的资料，对于企业来说，这是区块链最大的价值所在。目前，在全球范围内，很多公司都引入了 3D 打印机，零部件生产所需的数字档案非常容易分享。区块链技术的应用为这些档案的安全性、真实性提供了有效的保障。

区块链可有效防范假冒伪劣，因为借助供应链，企业可对整个产品生命周期进行追溯。在此环境下，企业不仅可以销售零部件，还能出售数字档案，让客户根据档案自行生产零部件。

以美国 Moog 公司为例，该公司是全球领先的电液伺服元件及伺服系统设计及制造企业，其长期发展目标就是让客户随时根据数字档案生产出实体零部件，这样一来，仓储、物流环节可以被省略掉。Moog 可以利用 3D 打印技术实时为客户提供所需零部件。

再比如，从 2017 年开始，SAP 开始研发区块链，希望能利用区块链做好供应链管理。目前，SAP 已和多家公司合作开展了测试计划。2017 年 5 月，SAP 推出数码创新系统 Leonardo，该系统就建立在区块链技术的基础上。目前，SAP 已经和 9 家公司建立了合作关系，其中就包括 Moog 公司。据 SAP 区块链副总裁所言，区块链技术无须再利用纸质文件证明真伪，可极大地增强数码网络的可靠性。

区块链在制造业的应用场景

2017 年，区块链摆脱比特币成为一个独立的概念，吸引了各界人士争相研究，被用于各行各业。之前，区块链技术已在金融领域得到了很好的应用。当前，该技术的应用范围逐渐延伸到了其他领域，制造业就是其中之一。比如，美的、富士康等企业相继将区块链技术引入财务核算、供应链管理、生产活动等环节。

CHAPTER 2　新技术：万物互联驱动"新制造"

现阶段，我国对区块链技术的研究主要集中在四个方面，一是分布式数据存储，二是点对点传输，三是共识机制，四是加密算法。区块链技术可保证交易安全，解决交易过程中的信任问题，尤其是在非安全环境下的交易。所以，面对一个完整的交易过程，区块链可通过分布式账本和行为追溯对数据及交易过程进行监管。制造业的供应链一般都不具备追溯能力，区块链恰好能解决这一问题。目前，IBM、SAP等厂商都将区块链视为重点技术，努力将其与企业原有的供应链解决方案相融合。

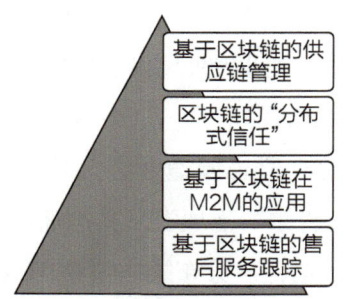

图2-12　区块链在制造业的应用场景

◆**基于区块链的供应链管理**

在供应链管理方面，制造企业可利用区块链解决原料的公信问题。在选择原材料供应商时，区块链可构建基于互联网的联盟链，发现假冒伪劣原材料或容易引起市场反感的原材料，并追踪到这些材料的来源。比如，鱼罐头制造厂商可利用区块链技术对鱼的来源进行追溯，防止鱼来自非安全地区，如水严重污染区、核辐射区等，以免给企业招致信任危机。

再比如，制造企业可通过区块链的分布式存储确定原材料模块，并对这些模块的流向进行跟踪，了解原材料的所有权归属，获取原材料的实时位置、运输条件等信息，并将这些信息存储起来进行共享，如此一来就形成了一条可靠性高、可追溯的链条。在传统的供应链管理中，因为各个环节的管理都要面临是否合规的问题，所以企业很难对整个链条进行跟踪、管理，就算能够进行管理，也总会出现一些问题。

所有的制造企业都希望能降低原材料采购过程中的核查风险，建立供应链可追溯机制，对原材料采购、产品生产、产品运输等环节进行跟踪管理。但传统的检测过程不仅消耗大，而且效果差，经常出现纰漏。而引入区块链技术之后，供应链可将各种潜在的信任危机消除殆尽，且无须消耗太多人力、物力就能形成行业威慑力。

目前，IBM、SAP等行业领先企业都将区块链技术引入供应链管理。未来，随着区块链与智能制造持续融合，一种新生态将悄然而生，在这种新生态下，世界信息技术及工业发展将发生根本性的变革。

◆ **区块链的"分布式信任"**

创建公司的目的是将一群志同道合之人纳入一个主体，建立信任关系，相互协作共同完成某件事。区块链反其道而行，将信任关系延伸到了公司外面，形成了分布式信任。分布式信任在3D打印零件场景中非常适用。在3D打印零件场景中，不再由特定的几个工厂生产零部件，而是由分布式的工作站完成，这些工作站生产的零部件质量非常好，完全可以取得顾客信任。更重要的是，如果企业能在数字供应链中生产产品，仓储、物流、保险、关税等费用都能节省下来，零部件生产成本将大幅下降。在数字供应链中，需求决定生产，可消除传统制造业存在的种种问题。

◆ **基于区块链在M2M的应用**

目前，区块链在M2M领域的应用尚在探索，典型案例当属IBM的ADEPT计划，即自治分散对等网络遥测计划。该计划是IBM、微软、三星三家企业共同推出的，其目的是利用区块链创建一个概念证明型系统，研发一种可自动检测问题、自动更新的设备。

另外，还有Tilepay物付宝，其目标是面向现在的物联网行业提供一种人—机器或机器—机器的支付方式。为实现这一目标，该公司利用区块链创建了一个去中心化的微支付平台，该平台可下载安装到个人计算机、笔记本、平板计算机、手机等终端。之后，物联网内的所有设备都会拥有一个令牌，持有该令牌的设备可通过区块链完成收付款。Tilepay 还将创建一个物联网数据交易市场，在这个市场上，企业可就各种设备与数据进行交易。

除此之外，Power Ledger 家庭发电与供电、闪电网络、万向区块链实验室、达闼科技机器人用户身份识别等都是区块链在 M2M 领域的应用，这些都说明区块链在制造业中大有可为。

◆ 基于区块链的售后服务跟踪

电子制造行业包括两种类型的企业，一种是 OEM，一种是 ODM。其中，OEM 是代工企业，没有自主品牌；ODM 是设计研发企业，拥有自主品牌。ODM 负责产品研发和销售，OEM 负责原材料采购、产品生产、物流运输和产品设计的某些环节。比如，苹果、小米、魅族等企业就是 ODM 企业，他们将产品生产外包给富士康，富士康就是 OEM 企业。

电子产品生产企业往往拥有很多供应商，物流供应链非常复杂，仓储管理成本、售后服务成本都比较高。借助区块链技术，这些企业可对产品的生产过程、售后服务进行跟踪监管。产品只要录入区块链，企业就能对其从生产线到最终目的地的全过程进行监测。比如，小米可利用区块链技术对手机整个生命周期的运行轨迹进行跟踪，包括从仓库到分销渠道再到客户手中的全过程，从而防范欺诈行为的发生。

通过将区块链引入售后环节，企业可及时发现异常的售后情况，有效防范与维修、保养有关的欺诈行为。一般来讲，用户常用的欺诈手段包括提供虚假的购买证明、利用售后平台的管理漏洞享受多次免费的售后服务等。引入区块链之后，企业既可以控制售后投入，又可以提升售后服务的水平与质量。

对于企业来说，区块链最大的好处在于存储的数据无法删除、修改，能够保证信息绝对真实。制造企业可以利用供应链杜绝假冒、打击仿冒、对共享文档进行验证、对供应链上的产品进行跟踪等。现阶段，监管机构已经开始和制造企业合作，共同利用区块链构建监管合作方案，以打击假冒伪劣，保证市面上的产品安全。

二者之所以能达成合作，主要在于它们有一致的需求。一方面，制造企业需要保证原材料的质量，对供应链进行追溯，防范假冒伪劣产品；另一方面，监管部门需要强化市场监管。未来，随着区块链技术逐渐成熟，该技术将在更多制造业场景中得以应用。

CHAPTER 3

个性化制造：
用户驱动的商业新范式

3.1　C2B 模式：基于个性化的大规模定制

C2B 开启个性化定制时代

C2B 模式是一种诞生于互联网时代的全新商业模式，它颠覆了大众普遍认为的"企业创造价值，C 端用户消费价值"的传统理念，在该模式中用户既是价值消费者，又是价值创造者，是消费者主权时代下企业转型升级的必然选择。

所谓"C2B 定制"，是指企业依据消费者的需求进行产品设计并设置产品价格，提高消费者在产品设计、生产制造过程中的参与度，将消费者的个性化需求体现在产品本身及价格中，采用定制化方式为消费者提供产品。

◆ C2B 定制模式的诞生起源

阿里巴巴为 C2B 模式在国内的传播及应用做出了巨大贡献。马云于 2008 年在其微博中首次提出 C2B 的概念，将 C2B 视作一种全新的电商模式。在该模式中，消费者将根据自身的个性需求在产品设计、材质、功能、包装、服务、价格、物流等方面提出差异化需要，甚至主动参与设计、营销、定价等环节，商家按单生产，使其个性需求得到充分满足。此后，马云又在多个公开场合强调 C2B 模式的巨大前景，曾鸣、张勇等阿里高管也纷纷为 C2B 模式站台，从不同的视角对 C2B 模式的内涵、趋势、前景等进行了分析。

随着通信技术、互联网技术等科技的快速发展，产能过剩使交易主导权回归用户，广大消费者有了丰富多元的渠道来表达自己的声音。未来，"消费者是上帝"将不再是一种口号，能否践行这一原则将直接影响企业的生存发展，用户将会是价值链的首要驱动力，定制将成为主流趋势，企业需要多品种、小批量生产，拥抱变化，快速迭代。

盈利是企业的最终目标，如何实现这一目标是管理者时刻都在思考的问题。既然交易是由用户主导，洞察用户心理，从而为其提供合适的商品与服务，就成为实现该目标的关键。此前，企业是通过发放调查问卷、分析销售数据等方式获取用户需求，然而这些方式获得的用户需求缺乏精准性、时效性，而且往往要付出较高的人力与时间成本，根本不能满足移动互联网时代企业参与市场竞争的需要。

而C2B模式是让消费者借助互联网平台直接向企业提出个性需求，然后让商家按单生产，这是最为简单、高效、低成本的。当然，由于消费者缺乏专业知识，商家往往需要先在互联网平台上提供一些具体参数，让消费者可以为自己需要的产品设计产品模型。

◆ **C2B特点及优势**

建立在通信、物流等基础设施较为完善的基础之上的C2B模式，进一步丰富了电商模式。

（1）C2B的特点

★临时性。在C2B模式中，通常是多个消费者聚集起来取得较高的话语权，让商家在价格、售后服务等方面做出让步。这种消费者组织并非是固定的，交易完成后便会自动解散。

★目标导向。C2B模式的消费者组织有着明确而强烈的目标，也就是买到真正适合自己的个性商品，同时，商家也有明确而强烈的目标，也就是能够盈利。

★有一定的生命周期。消费者因为某种需求而自主聚集起来，然后共同和商家议价、购买，最终由商家完成产品交付，有一个明显的生命周期。

（2）C2B 的优势

★提高了消费者在交易中的话语权，使他们不再是被动的接受者。

A. 省时。消费者联合起来共同向商家购买，降低了对多家商品进行对比的时间成本。

B. 省力。消费者群策群力，制定的决策更为科学合理，而且不用耗费更多的精力。

C. 省钱。消费者联合购买所带来的规模效应可以降低商家的生产成本，从而带来更大的让利空间，使消费者获得个性产品的成本得到有效控制。

★提高了企业的发展空间。C2B 模式让商家可以低库存甚至零库存运营，能够有效降低经营风险，而且产品的个性化有助于商家拓展增值服务，可以为企业提供广阔的发展空间。

★使企业不断提高自身的创新能力与服务水平，而不是一味地打价格战，有助于优化产业结构。

◆ C2B 模式的主要类型

目前，主流的 C2B 模式包括以下几种：

（1）聚定制

该模式是由商家对用户需求进行整合，然后批量生产，是一种浅层次的定制模式。

比如，品牌商在节日到来前推出预售定制服务，有需求的消费者需要先交纳一笔保证金，然后在节日到来时支付尾款，如果不交纳尾款，通常保证金将不予退回。因为商家在用户交纳保证金时便开始准备物料，甚至组织生产，用户放弃购买后可能会给商家造成一定的损失。

聚定制 C2B 模式能够让商家获得精准的用户群体，有效解决传统 B2C 模式盲目生产造成的库存积压问题，而且和预售模式相结合，能够让商家先得到一笔货款，相当于用用户的钱为用户生产产品，这对那些现金流较为紧张的小微企业十分友好。

图 3-1　C2B 模式的主要类型

（2）模块定制

和聚定制 C2B 模式几乎不涉及产品定制相比，模块定制 C2B 模式能够在一定程度上满足用户的个性需要。海尔无疑是国内模块定制 C2B 模式的典型代表，其推出的定制冰箱产品可以让用户自主选择外观、容积、调温方式、门的材质等，当然，这很大程度上是得益于冰箱产品已经高度模块化。同理，手机、笔记本等高度模块化产品在发展模块定制 C2B 模式方面也有广阔的发展空间。

不难发现，模块定制 C2B 模式为了控制成本牺牲了用户的部分个性需求。目前，由于技术、生产工艺等方面的限制，大部分商品的高度定制化是很难实现的，且其操作需要企业付出极高的成本，而成本过高意味着价格也相对较高，造成用户群体过窄，不足以让企业获得足够的利润。

（3）深度定制

深度定制是企业完全根据用户个性化需求进行定制生产，往往用户也会参与到产品设计、营销等环节之中。由于用户需求存在明显差异,每一件深度定制产品都可以被视作一个 SKU(最小存货单位)。现阶段下,家具、服装是深度定制应用较为成熟的领域。

以深度定制家具产品为例,消费者可以结合自身的实际需要对家具的材质、工艺、尺寸、风格、功能等进行自由选择,当然,这类产品的价格也相对较高,用户以中高等收入群体为主。

深度定制面临的最大痛点是,企业要实现个性需求满足和成本控制之间的平衡,因为完全定制需要较长的生产周期、更高的生产成本,同时难以实现大规模生产,想要解决这一问题需要充分借助科技的力量。比如,尚品宅配通过应用互联网、IT 技术等先进技术建立了设计系统、条码应用系统、混合排产系统、网上订单自动管理系统等,有效降低了生产成本,并缩短了产品交付周期,享受到了定制模式所带来的巨大红利。

平衡个性化与规模化

企业之所以采用 C2B 定制化模式,是为了对接消费者的个性化需求。但通常情况下,定制化与规模化不可兼得,还会提高企业的成本。想象一下,企业给所有消费者提供定制化产品,肯定要在生产环节消耗大量成本。类似于在产品上雕刻名字这样简单的定制没有太大的难度,但对于比较复杂的定制,除了单品利润较高的领域之外,其他行业是难以实现的。

那么,在 C2B 模式下,制造企业如何在个性化需求与规模化生产之间找到最佳平衡点呢?

◆ **模块化生产:对接用户的个性化需求**

目前,很多传统企业将模块化设计视为实现大规模定制的关键。事实也确实如此,因为对于大规模的标准化生产来说,模块化设计是一种非常

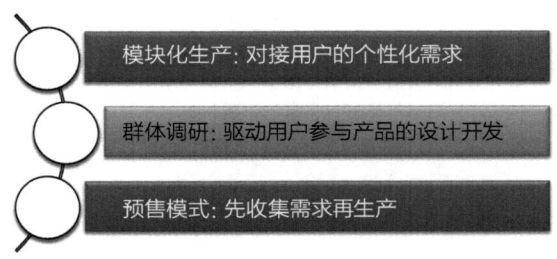

图 3-2 平衡个性化与规模化

有效的方式。通过构件模块化开启个性化定制市场，主要表现为：将构件模块化作为个性化定制的基础，对企业生产、销售流程进行调整，通过个性体验平台销售产品，从而实现大规模定制。这样一来，个性体验平台就要为顾客提供更多选择，满足顾客的个性化需求。

以戴尔公司的模块化设计为例，顾客选购戴尔计算机时可自由组合，一个型号的计算机可产生几十种、几百种不同的配置，从而让顾客拥有自己专享的、定制版的计算机。

为此，企业要尽可能多地设计产品模块，因为产品模块越多，个性化定制元素就越多，最终形成的产品组合也就越多。基于此，从事大规模定制生产的工厂树立了一个新的理念，就是部件即产品。对于大规模定制来说，对产品模块进行无限细分，实现最终产品的无限组合是关键。

企业要想开展大规模定制必须具备 IT 系统的应用和管理能力。同时，企业要打造一个开放式体验平台，在产品研发阶段就吸引用户、供应商参与。

◆ 群体调研：驱动用户参与产品的设计开发

这种方式与 C2B 之间的联系不是十分紧密。企业内设置的产品经理一职，就负责对消费者的需求进行收集，并将其作为企业进行产品设计的依据。

CHAPTER 3　个性化制造：用户驱动的商业新范式

在这方面，小米实践了粉丝经济模式，鼓励粉丝在网络平台就产品功能发表自己的意见，并根据他们的需求进行持续性的产品升级。从根本上来说，这种方式只是拓宽了调研对象的范围而已。海尔曾推出网络投票活动，就冰箱产品的功能征集用户的看法，通过实施"群体调研定制"模式来满足用户的个性化需求。

◆预售模式：先收集需求再生产

在预售模式下，企业汇集的并非是用户的个性化需求，而是对市场是否存在消费需求进行调查，想购买其产品的用户需要提前下单付款。企业采用这种方式能够将收取货款的环节提前，还能够降低库存压力，条件允许时，也可以实施饥饿营销法。

小米是该模式的典型实践代表，很多智能硬件行业也热衷于采用这种模式进行运营。不少智能硬件企业通过众筹网站组织预售活动。此外，团购方式同样采用了这种模式，即先将规模化订单发送给商家，再由企业组织产品生产。

规模化定制、群体调研、预售模式都能够兼顾个性化与规模化，让企业通过批量化生产，来满足某一类群体存在共性的个性化需求，在一定范围之内实现个性化。这几种方式能够减轻商家的库存成本，提高生产资源的利用率，保证产品销量。

数据驱动下的C2B定制

无论是参与商家调研、参与团购活动，还是参与商家的预售，用户的参与都是主动性的。天猫平台通过包下产品的整个生产线，也能够为商家的产品设计、生产等提供有效的参考信息，但用户在这个过程中的参与并非是主动的。

天猫平台能够收集用户的浏览记录、商品搜索信息、订单信息、购物车数据等，并对用户本身的信息，包括用户的年龄、性别、消费水平、职业等进行获取与分析，据此描绘用户画像，在掌握这些信息的基础上，采用定点分析、抽样分析、较差分析等方式进行数据处理，提取这些信息中蕴藏的商业价值。

通过进行数据分析，天猫平台能够获知用户对产品功能设计的看法，或是某产品在不同地区的市场需求情况，比如卧式吸尘器的消费者必须弯腰才能倒掉里面的垃圾，冬季保暖类产品在北方地区的市场需求量更大等。通过进行数据分析，天猫平台能够为商家的产品功能设计提供指导。此外，还能够根据市场需求分析，调节不同地区的产品库存，优化企业的生产计划。

天猫早在2013年底就开始实施数据共享计划，把平台积累的行业数据提供给商家，依据商品属性特征、价格因素、成交规模等构建模型，提取数据信息中包含的消费者需求、产品功能卖点等，为商家的产品设计与研发、生产制造等提供精准的数据参考。如今，天猫通过包下生产线与越来越多的商家达成合作关系，试图在更大范围内推行这种模式。

在这种"大数据定制"模式下，用户是以一种悄无声息的方式参与到其中的。这种模式能够保证商家提供的商品与消费者需求一致，从而促进其产品销售，还能降低商家的库存压力，以规模化生产来达到节约成本的目的，让厂家与消费者都能够从中获益。在这个过程中，尽管商家没有组织调研、推出团购活动，但所有网络用户都参与到了其中。

企业在满足如下条件时，才能实现大数据定制：

（1）能够获取足够的数据资源；

(2) 可以从数据中提取具有参考价值的信息，优化商家的生产；

(3) 拥有数据分析及价值提取所需的技术能力；

(4) 能够将企业的生产、销售等各个环节打通，而只有少数企业能够做到这一点。

目前，依托大数据技术的 C2B 定制模式集中应用于小家电领域，随着发展，这种模式的应用范围将逐渐拓宽，在家居行业、服装行业、计算机、通信、消费类电子产品等诸多领域得到应用。

天猫平台除了承包生产线，也会探索出更多的大数据 C2B 定制模式，比如可以将平台的数据分析结果分享给部分商家，并收取一定的服务费用，在天猫的带动作用下，将有更多的电商企业与互联网企业涉足该领域。C2B 模式能够促进大数据的应用，开启大数据 C2B 时代。

大规模定制化的实施策略

◆ 树立以顾客为中心的理念

大规模定制化是围绕个性化服务开展的，其目的是满足顾客的个性化需求，提高顾客的认知水平。所以，企业要树立以顾客为中心的理念，立足于顾客需求，将单个顾客视为一个细分市场，根据其性别、收入、年龄、消费偏好等信息有针对性地为其提供产品和服务，坚持为顾客服务，满足其个性化需求，提升其满意度和忠诚度。

◆ 建立顾客数据库，提高服务质量

企业要想全面了解顾客需求，根据顾客需求有针对性地设计产品，就要尽可能多地收集顾客资料，建立顾客档案。在推行大规模定制化生产之前，企业必须做好顾客数据库建设，将顾客的基本信息、消费偏好、同类产品的购买情况等收录其中，从而生产出符合顾客个性化需求的产品和服务。

对于企业来说，数据库的构建是一大挑战，需要投入非常多的时间、人力、物力。企业的目标顾客群体规模越大，对顾客数据库的建设要求就越高。企业可以根据数据库收录的信息有针对性地为顾客服务，提高服务质量，增强企业的差异化竞争优势。

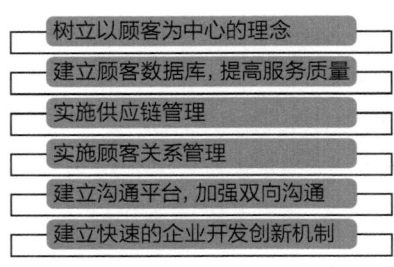

图 3-3　大规模定制化的实施策略

◆ **实施供应链管理**

推行大规模定制化生产的企业，在满足消费者个性化需求的同时，还要考虑如何降低成本，实现低成本的大规模定制化生产。无论是对本身生产效率就比较低的中小企业，还是实力强大的大企业，该问题的解决难度都比较大。消费者要想享受定制化服务就必须多付出一些报酬。优化供应链管理，优化资源配置能够为企业提供有效的解决方案，因为企业可借此提升快速调整生产的能力，从而降低定制化生产成本。

◆ **实施顾客关系管理**

企业要想实现可持续发展，就必须与顾客建立良好的关系，将顾客视为终身合作伙伴。切忌开展一次性交易，否则企业很容易被市场淘汰。要想与顾客建立良好的关系，企业就必须事事立足于顾客需求，以满足顾客需求为目标，及时研究顾客需求的变化，发现顾客的个性化需求，从而生产出符合顾客个性化需求的产品，抓住一切有价值的顾客，从而获取最大化的收益。

企业的顾客关系管理可以从三个方面着手：

（1）通过电话、互联网、社交平台、电子邮件等方式直接与顾客接触,获取顾客的真实需求,并对获取的信息进行分析研究,创建顾客数据库。

(2) 根据数据库中的信息设计产品、生产产品,有针对性地为顾客提供服务。

(3) 观察顾客需求变化,据此对企业的生产经营活动进行调整。

通过上述措施,企业能与顾客进行有效接触,获取最真实的顾客需求,从而设计出最契合消费者需求的产品,提高顾客对产品的满意度。

◆ **建立沟通平台,加强双向沟通**

在推行大规模定制化生产的过程中,企业必须创建一个可顺畅沟通的平台。否则,顾客需求在时时改变,企业却一无所知,生产最契合顾客需求的产品就无异于痴人说梦。而沟通平台的创建不仅能让企业实时了解顾客需求,还能将产品形象地展示出来,让顾客更全面、更客观地了解企业的设计能力、制造能力。

另外,企业要为顾客提供全方位的服务。产品售出不意味着交易结束,反而是定制服务的开始。企业要主动收集顾客的反馈信息,对现有的产品设计与结构进行调整,改进生产流程,提升顾客满意度与忠诚度,从而获取差异化的竞争优势。由此可见,通过沟通平台的创建,企业可以了解用户,还能真正做到以顾客利益为先。

◆ **建立快速的企业开发创新机制**

多样化与定制化不是一个概念。定制化要求企业根据顾客的个性化需求生产产品与服务,将每一位消费者视为一个细分市场,满足其对产品或服务的独特需求。为做到这一点,企业定制产品与服务的差错率必须降到零,而且要保证提供的产品或服务的质量,否则,产品无法满足顾客需求,顾客可能会退货,如果情况严重,还会给企业声誉造成不良影响。为此,企业必须建立新产品开发创新机制,努力开发新产品、研发新技术,尽其所能提升产品质量,提高顾客的满意度和企业的竞争力。

总而言之，随着市场竞争愈演愈烈，消费者需求越发个性化，企业必须重视并推广大规模定制化生产模式，将其作为自身的一项战略，通过实施该战略获取差异化的竞争优势，在激烈的市场竞争中脱颖而出。

3.2 按需生产：重构与消费者的关系

精准对接用户的个性化需求

3D 打印、机器人等技术的发展与应用，将深刻变革工厂的生产方式，使按需生产模式迎来快速发展期。消费者可以利用智能手机等移动终端将自身的个性需求实时反馈给制造企业，让后者按单生产并将商品快速送到用户手中。制造企业通过建立全自动化智能工厂，可以大幅度缩短供应链，与消费者进行无缝对接。

虽然新一代信息技术的发展使按需生产具备了落地基础，但该模式的核心驱动并非技术，而是 C 端用户。消费升级使需求越发个性化、差异化，而且人们愿意为优质的个性商品买单。

早在 20 世纪 80 年代，在市场化程度极高的汽车行业，按需生产就被日本车企采用。日本车企凭借按需生产打破了底特律汽车制造商的垄断，成功开辟美国市场。当时，美国民众将汽车作为身份、地位象征的观念不断弱化，开始强调汽车的实用性、舒适性、经济性、便利性，这种情况下，丰田等日本车企通过生产小巧、低价、舒适平稳、维修便利的汽车逐渐赢得了美国民众的认可。

而家电、服装等领域旺盛的大众市场需求，使企业无暇顾及小众化的个性消费，直到最近几年产能过剩后，才开始尝试按需生产。移动互联网的大规模应用，使信息传播效率得到质的提升，成本显著降低，让消费者可以随时随地通过智能手机从多种渠道了解商品的详细信息，以及用户评论，并通过线上社区聚集起来，要求厂商定制提供个性商品。

得益于个性商品的较高溢价能力，通过打造柔性生产线实现定制供应的制造企业将会大为受益。供应链一体化管理的应用，使企业响应用户需求的速度与效率显著提升，生产、库存、物流等环节的成本进一步降低，可以在一定程度上缓解定制生产造成的成本增长，使制造企业在满足用户个性需求与利润回报之间达到相对平衡。

美国初创公司 Local Motors 的案例可以让我们更为深入地认识未来的制造业。Local Motors 在全球范围内拥有 5 家微型工厂，这些工厂主要利用 3D 打印设备生产汽车。2014 年，该公司携带全球首辆 3D 打印汽车 Strati 参加了拉斯维加斯汽配展后，迅速吸引了全球范围内的广泛关注。除了打印汽车 Strati 外，该公司还推出了 3D 打印无人驾驶班车 Olli（由 IBM Watson 提供人工智能技术支持，可以通过 App 线上叫车）、载货型 3D 打印无人驾驶飞机 Zelator 等产品。

需要指出的是，3D 打印汽车只不过是该公司诸多可探索业务模式中的冰山一角，比如，该公司以众包形式在线上开展产品设计征集活动，邀请全球网民广泛参与，最终一位 24 岁的哥伦比亚青年获奖，奖金包括现金奖励及产品销售提成，并且有机会前往该公司制造团队中学习。

和很多制造企业不同的是，Local Motors 将在目标用户所在地开设新的微型工厂，其产品生产以用户需求为导向，极具个性化，可以显著提高产品溢价能力。微型工厂并不强调订单规模，而是注重柔性化、低成本，尤其注重从设计、生产工艺、效率等方面进行成本控制。Local Motors 致力于为目标市场用户提供符合当地文化、风俗习惯的定制商品。由于其产品融入了现代科技、绿色可持续理念等，虽然售价高于普通同类商品，仍得到了很多消费者的支持。

虽然Local Motors仍处于初级发展阶段，用户规模及业绩仍有很大的提升空间，但其按需生产理念对推动行业生产模式的变革将产生关键影响。在相当长的一段时间里，制造企业为了降低生产成本，进行大规模批量生产，在全球各地开设工厂，将非核心业务外包，建立全球分销网络销售产品。

然而，个性需求集中爆发的背景下，传统制造企业运营模式变得不再适用，冗长而复杂的供应链、同质化的商品、时间成本较高的物流运输等也极大地限制了制造企业服务用户的灵活性，使其在激烈的市场竞争中处于劣势。

从交易本质角度上，对制造企业而言，最为高效的运营模式自然是根据用户需求进行按单生产，在满足用户个性需求的同时，还能实现低库存甚至零库存。当然，这离不开物联网、移动互联网、大数据、3D打印等现代科技提供的强有力支持。

虽然消费需求始终处于动态变化之中，但通过对海量用户数据的收集与分析，制造企业是可以对用户需求进行有效预测的，而且也可以通过预售定制模式，让消费者在线下单，然后按单生产。部分商品的深度定制可能需要较高的成本，导致售价高昂，而且用户要等待较长的时间，商业价值相对有限。想要解决这一问题，还需要在相关技术方面有所突破。

按需生产模式的影响不仅局限于B2C领域，那些以企业级客户为主的供应商也必须做出相应的调整。由于用户购买呈现出移动化、碎片化的特征，零售企业为了避免库存积压而选择小批量、多频率采购，这要求供应商要尽可能地适应这种变化。

技术的发展与应用，使企业洞察用户需求的能力快速提升，实现供给可以精准对接用户需求，库存积压问题也能得到彻底解决，企业的运营成本会进一步降低,盈利能力将大幅度提升。更为关键的是,企业可以将更多的时间与精力放在满足用户需求方面,不必因为过度关注竞争对手而出现战略决策重大失误,以及产业内耗,而是真正回归到为用户创造价值的本质。

按需生产模式的关键技术

新技术发展是按需生产得以落地的重要基础。没有移动互联网、大数据等技术,按需生产的成本太过高昂,效率极低,根本不能成为制造企业赖以生存的发展模式,更不用说成为现代制造业的主流趋势了。

新技术的发展使得供应链得以优化,去除了制造企业到 C 端用户之间的大量中间环节,使小批量定制生产能够创造足够的收益。按需生产目前仍处于初级发展阶段,但新技术的应用为创业者及企业提供了广阔的发展机遇,促使越来越多的传统制造企业向按需生产模式转型升级。具体而言,在按需制造模式中发挥不可取代作用的技术主要包括以下几类:

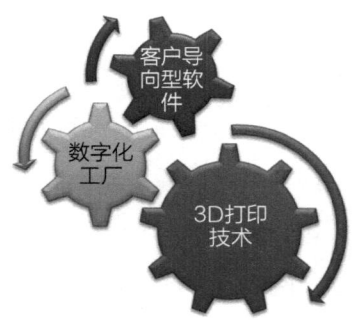

图 3-4　按需制造模式的关键技术

◆ **客户导向型软件**

客户导向型软件的应用形式较为简单,已经相对成熟,iPhone 等智能手机为用户提供的各类 App 应用就是典型代表。对于苹果用户而言,iPhone 手机更像是一种硬件装置,用户可以通过 iOS 系统的个性设置及安装各类 App 获得独特体验。应用商店 Apple Store 可以让全球开发者上传软件产品，并设置价格，用户购买后，开发者将获得一定提成，这使苹果公司不但能通过销售硬件产品获得丰厚利润，还能通过提供软件下载等增值服务获得一定收益。

当然不只是苹果公司采用了这种模式，很多互联网企业也将客户导向型软件作为自身的重要业务，毕竟为一家大型企业或某个政府部门定制开发一套软件产品是能获得相当可观的利润的。

此外，虽然目前人们将焦点主要放在区块链金融领域，但区块链技术在制造业的应用是值得我们高度期待的。将区块链技术应用到制造业后，供应商、制造企业、物流服务商及用户都将被纳入区块链网络之中，而且可以通过该网络进行实时交易，那些需求量较大或者产品结构复杂的订单可以由多家制造企业合作共同生产，从而将交付周期控制在合理范围内。

◆ **数字化工厂**

应用物联网、大数据、传感器、人工智能等现代科技的全自动数字化工厂可以实现制造流程自动化与全程监督，有效降低人力成本的同时，充分保障产品质量。更为关键的是，这类工厂可以在全球范围内快速复制，为产品的定制化制造奠定坚实的基础。

为了更好地迎合中国、中东等地区客户追求更短项目周期的需要，美国某家工业设备制造商制订了一项全新的生产计划，该计划为数字化工厂的建设提供了巨大推力。该制造商发现部分客户在新工厂项目启动前，没有足够的准备时间，在组建工厂时，多半选择购买那些市场中正在销售的设备，而不是向知名厂商订购。经过研究发现，如果厂商能够将交付周期缩短两周，便能够在当地抢占大量市场份额。

不久后，该制造商制订并执行了一项新生产计划：由美国工厂提供工业设备的精简框架，之后利用物联网、数字工程等技术与设备在目标客户所在地周边的定制化中心进行产品组装，组装时，可以根据客户的个性化需要增减相关模块，从而满足特殊的应用场景的需求。

数字化工厂的建立，使该制造商能够深度发掘产品运行状况、产品使用情况、库存水平、客户个性需求，以及供应链整体运行状况等丰富多元的海量数据，显著提高其灵活性与适应力。比如，该制造商可以根据不同市场客户的差异化需要，对自身的生产、库存、营销、售后等计划做出动态调整，在满足客户现有需求的同时，发掘其潜在需求。

制药行业在探索数字化工厂建设与数据分析方面具有一定的领先优势。很多国际制药巨头及新药物研发团队积极布局便捷式制造软件套件，以便更好地迎合目标市场用户的个性需求。不过作为敏感行业的典型代表，目前制药类数字化工厂大多处于试运行阶段，或者正在等待监管部门的审核。

制造巨头西门子也在积极进行数字化工厂建设。它将智能可视化和模拟软件深入结合，在正式进行工厂建设前，先对工厂的工程设计、自动化与生产流程、产能利用、设备运行、质量控制等进行科学规划，帮助客户打造可以适应市场环境与用户需求变化的按需生产工厂，并通过提供工厂设备运行状态监测、设备维修、系统升级等售后服务获得较高利润回报。

◆3D 打印技术

利用 3D 打印这种最为前沿的生产方式，工厂可以直接完成零部件及成品生产。由于 3D 打印通过建立三维元件层来生产产品，也被称为增材制造，它可以将制造产业链中有较高附加值的定制设计等环节引流至当地工厂。比如，汽车制造商可以借助 3D 打印技术，根据客户意见在几分钟内为其生产定制车前灯等零部件。这种方式能够让制造商对供应商的依赖性明显降低，使其更为灵活高效地服务客户。当然，这其中的丰厚利润，会吸引制造商更为积极地探索按需生产模式。

目前，3D 打印技术仍处于初级发展阶段，在制造领域的应用场景相对有限，不过其未来能够创造的巨大价值已经得到了社会各界的充分肯定。

CHAPTER 3　个性化制造：用户驱动的商业新范式

3D打印将极大地推动云端生产落地，未来，供应商甚至不再需要向制造企业提供实物产品，而是为其提供定制化制造方案，制造企业只需在距离用户较近的工厂中使用3D打印技术快速生产产品，并完成产品交付即可。

按需生产模式的战略框架

产能过剩与经济全球化进程的加快，使制造业的竞争达到了前所未有的高度，驱动制造企业必须持续增强自身的灵活性、适应性，打造以用户为导向、更为高效低成本的生产模式。这种背景下，按需生产模式受到了大量制造企业的青睐，而企业想要成功转型按需生产模式，就要深入了解其战略框架。具体而言，按需生产模式的战略框架由以下三部分构成。

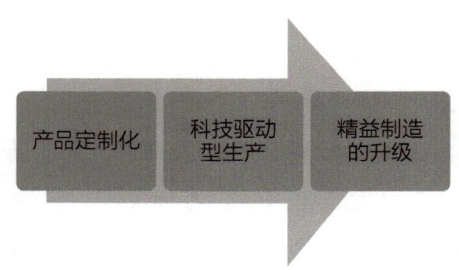

图 3-5　按需生产模式的战略框架

◆ **产品定制化**

定制生产渐成主流，大规模批量生产变得不再适用，但实现产品定制生产并不是一件简单的事情。由于技术、成本等诸多方面的限制，很多制造企业通常只是进行标准产品的浅层次定制。以各模块已经高度标准化的智能手机产品为例，品牌商可以让用户对颜色、内存、摄像头等进行选择。为了将生产周期控制在可接受范围内并进行成本控制，大部分制造企业非常保守谨慎。很多人认为产品定制化只不过是一种营销手段，用户新鲜感消失后便不再买账，在这种认知模式下，企业能够获得的收益自然也相当有限。

扩大定制模块，为消费者提供更多的选择权，是制造企业的必然选择，在这方面，部分国际品牌已经迈出了坚实的一步。比如，运动用品制造商阿迪达斯在德国和美国市场建立了 SPEEDFACTORY，SPEEDFACTORY 用机器人取代工人，自动完成运动鞋的定制生产，实现在材质、足托、鞋带、颜色、图案、品牌标识等方面的定制。

英国皇家物理学会旗下的期刊 IOP Science 曾经公布的一项定制化生产市场前景研究报告显示，仅 2014 年，德国就建立了 470 个基于 Web 的产品装配系统，美国这一数字为 332 个，其他国家共计约 200 个，当然，这和真正意义上的定制化制造仍存在较大差距。

未来，制造企业想要真正转型为按需制造企业，就必须对自身的产品生产与设计流程进行全面改造，通过技术、工艺、流程创新降低定制成本，缩短交付周期，满足用户的个性需求从而为自身创造巨大价值。

◆ **科技驱动型生产**

按需制造的核心支撑技术包括物联网、3D 打印、传感器、大数据、云端程序等，其中，打造强大的数据中心尤为关键，这决定了制造企业能否高效精准地预测并满足客户的需求。在按需生产模式下，制造企业还要构建能够连接全球客户的企业网络，以便实时收集客户需求，同时，该网络要与生产系统无缝对接，以便在获取客户需求后由生产系统立即组织生产，在最短时间内完成产品交付。

得益于数据中心对海量数据的实时处理能力，制造企业可以实施客户全生命周期管理，根据往期订单对客户需求进行预测，搜集客户反馈意见并据此对产品及服务进行优化改善从而显著提高自身的市场竞争力。挖掘数据背后的联系与规律，有助于缩短价值链，提高生产效率与灵活性，控制生产成本，在让利广大消费者的同时，实现产业链上下游企业多方共赢。

◆ **精益制造的升级**

在按需生产模式中，制造企业也应该坚持精益生产原则，当然，还需

CHAPTER 3 个性化制造：用户驱动的商业新范式

要应用更多的新技术来提高精益生产效能。虽然定制设计与柔性制造，能够为消费者创造更多的价值，但这会让制造企业丧失此前批量生产带来的规模经济效益。企业想要解决小批量定制生产导致的成本提升与效率降低问题，就必须在数据分析、物联网、机器人技术、云端编程、制造设备等领域有所突破，在提高产能的同时，也要坚持精益生产，确保产品质量，提高产品附加值。

此前，制造企业应用精益生产模式的主要目的是对组织成员的日常工作进行规范，优化流程，减少资源浪费。而在按需生产模式中，智能机器人将会逐渐取代人工，设备发展趋向于联网化、数字化、智能化，使企业生产的效率与精准性得到显著提升，既能保障产品质量，也不需要在工人行为规范方面投入大量资源。

这并不是说人在产品制造流程中变得不再重要。因为按需生产需要由完善的柔性生产系统提供强有力支持，而流程设计、执行与持续优化是柔性生产系统的重要组成部分，这需要人的参与，要充分利用人的创造力。

建立按需制造工厂仅是基础，除此之外，企业还必须坚持精益生产原则，推动自身提质增效。想要取得领先优势，仅具备较高的重复性生产效率是远远不够的，还应该具备较强的定制产品交付能力，为此，制造企业必须培养大量定制化生产人才，为客户提供完善的个性产品解决方案，及时响应客户需求。

产品定制化是制造业的主流发展趋势。现在已经有越来越多的制造企业认识到了这一点，并为此做出了改变。诚然，在相当长的一段时间里，制造企业向往的定制化生产更多的是一种口号，消费者的选择较为有限，企业只能让他们在几个选项中选择，无法让用户的个性需求得到充分满足。但科技的快速发展，将引发新一轮制造业革命，使按需生产成为可能。未来，消费者在专业服务人员的帮助下，可以自主设计产品，并由3D打印机快速完成产品生产，这将给其创造前所未有的极致体验，提高其对较高价格的接受能力，并促进定制生产的发展。

那些重视按需生产并积极布局的国内制造企业，将获得打破海外巨头垄断中高端市场的重大发展机遇。不过，这需要企业为自身制订行之有效的按需生产转型方案，积极革新流程，引进新科技，加强和用户之间的交互，树立以用户为导向的企业文化。

基于3D打印的个性化生产

在消费持续升级的形势下，消费需求越发个性化、多样化，过去标准化、大规模的生产方式不再适用，在此情况下，大规模定制化生产应运而生，获得了广泛关注。大规模个性化定制就是企业根据顾客的个性化需求，以大批量生产方式定制产品，以较低的成本、较高的效率满足顾客的个性化需求。对于采用大规模定制的企业来讲，降低生产成本、提高定制水平是关键，在这方面，3D打印技术将发挥重要作用。

过去，"神笔马良"一直是一个美好的神话故事，当前，在3D打印技术的加持下，神笔马良的故事早已成为现实。通过3D打印机，画纸上的事物很快就能以实物的形式呈现在人们眼前。3D打印不仅降低了单个物品的生产成本，还让大规模定制有了实现的可能。

传统制造企业的运营模式无法支持3D打印技术实现商业化应用，在其运营模式下，即便3D打印技术成绩卓著，也只能起到辅助设计、开展个性化定制的作用，无法取代大规模机械化制造。但对于中小型生产企业和加工制造业来说，引入3D打印技术是一个非常不错的选择。对大规模标准化生产企业来说，引入3D打印技术不仅能帮助他们实现个性化定制生产，还能提高其生产效率。

从目前的发展形势来看，为满足消费者越发多元化、个性化的需求，加工制造企业最好建立个人化需求中心。虽然3D打印技术受到了热捧，但企业需要发展的不是3D打印技术本身，而是个性化需求与系统化的支

CHAPTER 3 个性化制造：用户驱动的商业新范式

掌环境。也就是说，随着消费者的个性化需求不断发展，整个3D打印技术将持续发展。

当前，制造企业在引入3D打印技术的过程中受到多种因素的制约，比如3D打印设备价格比较高，原材料的质量良莠不齐，订单少、价格较高，等等。但未来，随着3D打印设备的价格越来越低，用户或许可以实现自己设计、制造产品，自己满足自己的个性化需求。

现阶段，3D打印技术的发展进入了一个关键节点。在该技术的支持下，整个制造业的产业布局得以重构，整个行业实现了全面革新。

过去的产品定制流程烦琐，成本较高，产品价格设置超出了普通消费者的消费能力，使产品最终只在特定的高消费群体中流行。而3D打印技术的出现降低了制造费用，缩短了生产周期，不仅让产品设计与产品制造实现了一体化，还能完成各种复杂制造，并且使生产成本大幅下降，为普通消费者购买定制产品提供了无限可能。

区块链3D打印币3dp. money是以区块链技术为基础形成的数字制造生态协议，该协议能够将3D打印机等数字化制造设备连接起来，创建一个数字化分布式制造生态链，以每台生产设备为节点构建一个全球制造网络。

除比之外，3D打印技术还具有高难度、复杂化、个性化、制作快速等特点，不仅能构建柔性化的生产流程，还能使消费者多元化、个性化的需求得到有效满足，使其享受更优质的个性化定制服务。与此同时，在3D打印技术的支持下，消费者还能参与产品设计，提高他们对产品、企业的满意度与忠诚度。

以意大利知名的家具公司Poltrona Frau为例，该公司利用3D打印技术推出大规模定制业务，支持顾客定制家具。Poltrona Frau在网站上推出一个3D工具，让顾客自己设计家具，然后进行定制。因为在引入3D打印技术之前，Poltrona Frau 就已推出手工定制业务，所以 3D 打印技术的引进进一步提升了定制生产的效率，降低了人工成本。

在大批量定制生产方面，3D 打印技术有极大的施展空间，甚至可以应用于汽车行业。一直以来，MINI 汽车都非常注重个性化设计与生产，在其生产模式下，车主可以根据自己的喜好选择汽车外观与内部装饰，包括车身、车顶、车轮、镜面，等等。从 2018 年开始，MINI 汽车引入了 3D 打印技术，支持用户定制汽车零部件，进一步提升了定制服务的水平，带给消费者更优质的购车体验。

在 3D 打印技术的支持下，Poltrona Frau、宝马等公司都从大规模大批量标准化生产转向了大规模智能化定制生产，为我国企业利用 3D 打印技术推行大规模个性化定制提供了有益借鉴。随着 3D 打印技术越发成熟，产品价格将持续下降，在不久的将来，企业必将实现大规模定制。

3.3　柔性制造：助力制造业提质增效

柔性制造的内涵与体现

在消费升级时代，大规模批量生产同质商品的传统制造模式已经很难满足市场需要，柔性化、个性化制造渐成主流趋势。20世纪90年代至今，计算机技术、通信技术、微电子技术等技术与相关设备的快速发展，使制造业自动化水平持续提升，使柔性制造的落地成为可能。在新一轮工业革命中，柔性制造扮演着不可取代的关键角色。

打造柔性生产线是按需生产得以落地的重要基础，它能让制造企业高效低成本地完成小批量、个性化的产品生产，且保证产品品质可以媲美传统手工艺品，从源头上解决库存积压问题。柔性制造整合了信息技术、制造加工、自动化技术等多种技术，打通了传统制造企业中条块分割的研发设计、制造加工、经营管理等诸多环节，利用移动互联网、物联网、数据库、信息系统等为企业建立了一个完善的有机系统。

◆**柔性制造的内涵**

柔性制造中的"柔性"具有以下两个方面的内涵：

（1）系统对外部环境变化的适应力，对新产品研发设计具有关键影响，这方面可以用系统和新产品要求的契合程度来衡量。

（2）系统对外部环境变化的适应力，可以通过系统受某种外部环境变化干扰时的生产效率与正常运行时的生产效率之比来衡量。

柔性和刚性是相对的，传统制造模式中，自动化生产线虽然有着较高的生产效率，较低的生产成本，但只能大批量生产单一品类，无法满足多品类、个性化的生产需要。

◆ **柔性制造的体现**

在小而美的个性化商品备受消费者青睐的局面下，如何高效低成本地为消费者定制生产满足其需求的商品，成为制造企业面临的时代课题。制造企业想要构建较强的核心竞争力，就要在确保产品质量的同时，在较短的时间内以较低的成本生产多品类产品，也就是必须具备强大的柔性制造能力。具体而言，这种能力可以体现在以下诸多方面：

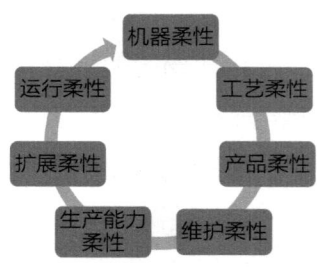

图 3-6　柔性制造的体现

（1）机器柔性：它强调机器要能够方便快捷地根据不同品类的个性需要调整相关参数，从而满足生产需要。

（2）工艺柔性：它强调制造企业各类工艺流程可以在一定程度上适应原材料或零部件变化，同时，又能根据原材料和零部件变化对工艺进行调整。

（3）产品柔性：系统可以满足产品更新迭代或新品研发的需要，同时，新产品可以继承旧有产品的优势特性。

（4）维护柔性：可以采用多种方式对系统进行维护，确保其高效稳定运行。

（5）生产能力柔性：订单量发生变化时，系统能够将生产成本控制在可接受范围以内。

（6）扩展柔性：系统可以根据实际需要，拓展结构，开发新模块。

（7）运行柔性：通过运用不同的机器、材料、加工工序、工艺流程等来生产一系列产品。

柔性制造模式优势与价值

◆现代生产方式的主流趋势与共同基础

为了更好地适应市场需求，企业界进行了一系列的生产方式变革与创新，推出了精益生产、敏捷制造、绿色制造、供应链协同制造、仿生制造、并行工程等多种现代生产方式，而柔性制造是这些生产方式的基础和前提。比如，精益生产强调基于用户实际需要为用户生产高品质商品；敏捷制造则强调企业能够快速适应订单变化；供应链协同制造则要求整个供应链具备柔性生产能力；并行工程则是将设计研发、生产制造、物流仓储、营销推广、交易支付、售后服务等视作为一个整体，要求各部分相互适应等。

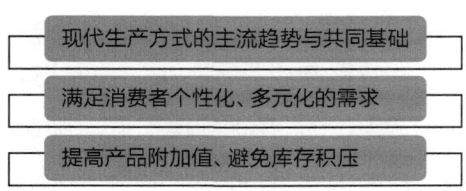

图3-7　柔性制造模式优势与价值

◆满足消费者个性化、多元化的消费需求

传统工业时代，市场供不应求，制造企业无须担心产品销量，只需要尽可能地扩大产能，来满足人们的购物需求即可。但如今是消费者主权时代，消费者对于标准化、同质化的商品已经有些厌倦，再加上购买力的不断提升，使个性与品质消费需求集中爆发。这就要求制造企业需要对强调

产能、低成本的传统制造模式进行改造升级,提高自身对市场的适应力,缩短产品研发周期,生产更多的个性商品,此时,柔性制造就成为制造企业的必然选择。

柔性制造迎合了个性化、多元化的主流消费趋势,能够适应小批量、多品类的订单需要,有助于制造企业在竞争越发激烈复杂的市场中建立领先优势。同时,柔性制造系统可以让制造企业为用户创造更高的价值,比如,通过运用"DESIGN IN"(设计介入)模式,让消费者参与到产品设计环节之中,在满足其个性需求的同时,也能借助其社交圈实现口碑传播,助力企业品牌建设。

当然,制造企业想要更好地实施"DESIGN IN"模式,就要建立"顾问式销售、专家式服务"的销售文化,对销售人员进行专业培训,使其不但能够掌握专业的知识与技能,更能够从用户利益出发,帮助用户快速找到真正适合其需求的个性商品,给用户创造极致的购物体验,同时,让企业开发更多的增值服务,在这方面,和同质商品相比,个性商品的增值服务具有更高的溢价能力,可以为企业创造更高的利润回报。

◆ **提高产品附加值、避免库存积压**

融合大数据、人工智能等新一代信息技术的柔性制造,可以让产品具备更高的性能与质量,有效提高产品附加值,使制造企业获得更高的利润。同时,柔性制造是按单生产,在这种模式下,制造企业可以通过和用户进行深入沟通交流,了解用户个性需要,以用户为导向组织生产,不需要担心供需错位造成的库存积压问题,能够减少人力、物力成本消耗。此外,由于柔性制造以生产个性商品为主,可以让制造企业摆脱同质竞争与价格战泥潭,促进整个行业的良性发展。

柔性制造技术并非是一成不变的,它需要根据技术更新迭代及市场环境与用户需求变化进行不断优化完善。毋庸置疑的是,大规模批量生产单一品类的产品,使企业具备较高的生产效率与较低的生产成本,可以满足大量消费者的同质消费需求。但目前的市场环境与消费需求已经发生了极大地改变，产品不但要具备较高的质量、较低的价格，更要个性化、差异化，可以彰显用户个性。

无处不在的移动互联网，使携带智能手机等移动终端的用户可以在移动化、碎片化的场景中实时购买。购物消费具有较高的不确定性，零售商为了迎应这种变化，往往是小批量、多频率采购地多品类商品，这种情况下，制造企业也必须做出相应的调整，通过打造柔性供应链，以用户需求为导向对业务流程等进行变革，赋予自身对内外部变化的强大适应能力。

柔性制造技术的类型划分

柔性制造技术是一种融合制造加工技术、自动化技术、工业机器人技术等多种先进技术的技术群。那些强调柔性，满足小批量、多品类生产需求的技术都可以被归属为柔性制造技术的范畴。从规模角度上看，我们可以将柔性制造技术分为以下类型：

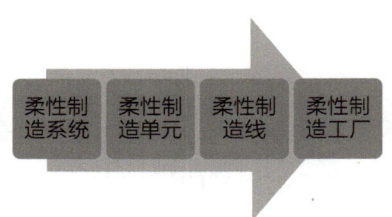

图 3-8　柔性制造技术的主要类型

◆ **柔性制造系统**

不同国家对柔性制造系统有着不同的定义，比如，美国国家标准局给出的定义为："由一个传输系统联系起来的一些设备，传输装置把工件放在其他联结装置上送到各加工设备，使工件加工准确、迅速和自动化。中央计算机控制机床和传输系统，柔性制造系统有时可同时加工几种不同的零件。"

在我国国家标准中，柔性制造系统则被定义为："由数控加工设备、物料运储装置和计算机控制系统组成的自动化制造系统，它包括多个柔性制造单元，能根据制造任务或生产环境的变化迅速进行调整，适用于多品种、中小批量生产。"

通过对主流的柔性制造系统定义进行分析，我们可以将其理解为一种借助数控装备、物料运储装备及计算机控制系统等软硬件设施，能够适应不同制造任务的自动化制造系统。大部分柔性制造系统存在 4 台及以上的自动数控机床，并与物料搬运系统、控制系统相连接，具备不停机生产小批量、多品类产品的能力。

◆ 柔性制造单元

柔性制造单元是一种最小规模的柔性制造系统，其组建成本较低，难度小，正处于大范围推广阶段，对中小制造企业颇为友好。主流的柔性制造单元通常包括 1~2 台数控机床、工业机器人、加工中心、物料运送存储装备等，可以帮助中小企业进行成本控制，同时满足用户的个性消费需要。

◆ 柔性制造线

柔性制造线通过将多台数控机床、自动运送装备等联结起来，结合自动控制系统实现小批量、多品类商品的低成本生产。柔性制造线使用标准或专用加工中心与数控机床作为加工设备，相较于柔性制造系统，具有更高的生产效率。目前，主流的柔性制造线包括离散型生产中的柔性制造系统和连续生产中的分散型控制系统两大类，强调生产线的柔性化和自动化，目前相关技术已经相对成熟，在国内多家制造企业中得到了应用。

◆ 柔性制造工厂

柔性制造工厂是同时整合多条柔性制造系统，配备自动化立体仓库，搭载先进计算机系统，打通订货、设计、加工、装配、质检、运送、发货等诸多环节的数字化工厂。整个工厂中的产品加工、物料储运、生产管理等由数字驱动,是工厂自动化的高级形态,目前仍处于初级发展阶段。

柔性制造模式的关键技术

◆计算机辅助设计

通过将计算机辅助设计技术和专家系统相结合,能够使柔性制造系统具备更强的适应能力,为处理复杂问题带来诸多优势。光敏立体成形技术是设计技术领域的一个前沿技术,它通过利用计算机辅助设计数据,结合激光扫描系统,对三维数字模型进行处理,得到多层二维片状图形,然后结合二维片状图形扫描光敏树脂液面,使后者转化为固化塑料,经过多次循环,完成多层扫描成形。在具备相关数据的基础上,通过将多层固化塑料黏合起来,便可生产出精准原型,对缩短新品研发周期具有十分积极的影响。

◆模糊控制技术

以模糊控制技术为核心的模糊控制器是柔性制造技术的重要组成部分。目前,世界知名模糊控制器厂商正在积极研发具备自主学习能力的模糊控制器产品,这类产品可以通过对运行过程数据进行收集、分析来动态调整控制量,对系统性能进行持续优化。

◆人工智能技术

目前,柔性制造技术中应用的人工智能以规则的专家系统为主。专家系统往往整合了海量的专家知识与推理规则,能够为解释、设计、规划、监视、诊断、修复、控制、预测等提供有效解决方案。得益于专家系统,企业可以方便快捷地将理论、实践经验等相结合,为柔性制造活动的组织开展带来诸多便利。

长期来看,人工智能技术在柔性制造领域必然将得到大规模应用。未来,消费需求的不确定性将持续提升,制造企业要想将柔性制造的生产成

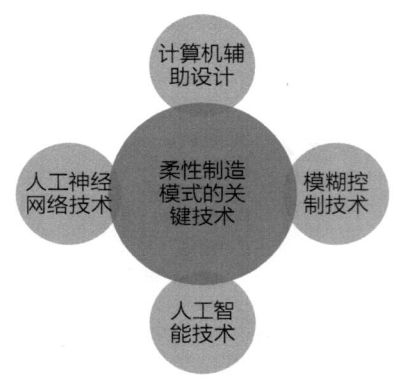

图 3-9 柔性制造模式的关键技术

本、交付时间控制在合理范围，就必须充分借助人工智能技术。

智能制造技术将人工智能技术应用到制造各环节之中，利用专家系统模拟人的思考与决策过程，对制造过程运行状态进行实时监测，自动调整制造系统各项参数，从而使系统始终处于最佳运行状态，是现代制造技术的发展趋势。此外，智能传感器技术在柔性制造领域也有着广泛的应用前景，传感器技术与相关设备是物联网时代的重要基础设施。智能传感器技术赋予了传感器自主决策能力，有助于提高柔性制造效率与精准性。

◆人工神经网络技术

人工神经网络技术是一种通过搭建模拟人类大脑的人工神经网络，对海量信息进行并行处理的智能技术，是未来柔性制造系统的支撑性技术之一，不过，目前该技术尚未真正成熟，距离商业化应用还有很长的一段路要走。

企业如何打造柔性制造系统

◆提高设备柔性

（1）增加灵活性设备

为了更好地适应柔性制造需要，企业要对设备结构进行优化调整，逐用多功能设备取代传统单一用途设备,用转换能力强的设备取代难以转换的设备,用多用途组装型设备取代整机设备等,在增强企业柔性生产能力的同时,降低系统运行成本,使成本与效益达到相对平衡。

(2)统一设备类型

统一设备类型也就是提高设备兼容性。不同型号的设备的使用,会给企业带来设备参数重新调整等大量烦琐的工作,降低生产效率的同时,也不利于企业保障产品质量。为了避免这种问题,制造企业应该在符合技术与生产条件的前提下,对设备零部件进行统一,进而实现设备统一,提高兼容性,实现提质增效。

◆ 柔性生产系统的设计

在柔性制造系统建设的过程中,设计柔性生产系统扮演着十分关键的角色。由于智能制造在技术、成本等方面存在诸多痛点,目前,制造企业很难实现柔性生产系统的完全自动化,在这种情况下,设计"单元化作业+人工辅助"的柔性生产系统是更为可行的方案。

"单元化作业+人工辅助"的柔性生产系统,可以让企业在借助自动设备提高生产效率的同时,又能利用人工控制确保产品质量,提高柔性生产能力,这也是很多中国制造企业能够成为全球知名品牌供应商的重要因素。虽然纯机器组装具备更高的生产效率,但柔性不足。以往,我国的人力成本较低,使中国制造企业可以在零部件加工生产及产品组装过程中投入较高的人力,能够在一定程度上满足品牌商的个性需要。

未来,中国制造企业在柔性制造系统建设的过程中,需要进一步完善管理系统,使设备、生产工艺、生产系统、售后服务等具备更高的柔性化水平,以便更好地适应复杂多变的市场环境与用户需求。

◆ 建立完全信息化的管理系统

面对高度不确定性的消费需求,库存风险让广大传统企业饱受困扰:

(1)个性化的消费需求,降低了产品的通用性,导致多余产品容易滞

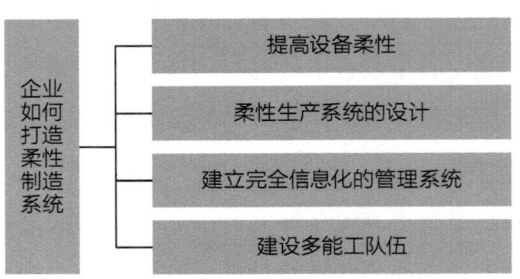

图 3-10 企业如何打造柔性制造系统

销,大幅度提高了企业的经营成本。

(2)技术、工艺的更新迭代,使新产品性能得到逐步提升,库存产品价值明显降低,给企业造成财产损失。

(3)部分产品有一定的保质期。随着时间的延长,产品性能、可靠性等可能会逐步降低,从而影响产品销售与用户体验。

想要解决上述问题,制造企业不但要建立先进 ERP 系统,加强自身的信息化建设,更要对自身的业务流程进行优化完善,实施精细化管理,实现库存产品的"专用型号订单化管理"与"通用型号流量化管理",根据生产批号对库存产品开展全生命周期管理,确保库存产品的质量,降低库存风险。

◆ 建设多能工队伍

按单生产是现代制造企业的主流趋势,而订单是个性化、差异化的,会使企业产量出现明显波动。在繁忙的时间段,员工需要全身心地投入到产品生产之中,甚至要连续加班才能完成生产任务;而在淡季,订单量明显下滑,员工工作较为轻松,工作日可能仅有半天是在工作。显然,这两种不同情况下的员工收入应该有所不同,繁忙时间段收入相对较高,员工工作积极性较高,而淡季收入明显下滑,可能会影响员工信心,造成员工流失,不利于组织的稳定发展。

为了解决该问题,制造企业应该建立柔性化的绩效管理机制,对核心骨干等优秀人才进行重点培训,将其培养为全能型人才,淡季时,可以一人多用,解决员工流失而影响订单生产的问题;繁忙的时间段,可以让他们帮助新员工快速适应岗位需要。这将使制造企业具备从低产能向高产能快速稳定转变的能力,推动企业的长期稳定发展。

能否适应市场环境与消费需求的动态变化,成为衡量现代企业竞争力的重要指标。在经济全球化的背景下,中国制造企业面临的竞争更为激烈、残酷,一旦无法适应变化,就容易被淘汰出局,而发展柔性制造为企业提高自身的适应能力提供了有效手段,是中国制造企业建立自主品牌,占领中高端市场的必然选择。

这要求中国制造企业要具备前瞻性战略思维,积极从海外柔性制造成功案例中借鉴经验,结合自身的实际情况,面临的竞争环境、宏观政策等,打造真正适合自身的柔性制造系统,在提高自身市场竞争力与盈利能力的同时,为中国制造业的长期稳定发展注入源源不断的活力与发展动力。

CHAPTER 4

服务型制造：
制造业的服务化转型

4.1 从传统制造向制造业服务化转型

以服务为导向的制造业升级

当前，中国作为制造业大国，仍需提高整体竞争实力，向制造业强国迈进。从全球产业链格局分布来看，发达国家集中分布于高端环节，我国则分布在中低端环节。国内制造业应采取有效措施，主动进行产业转型与升级。对全球范围内跨国企业的发展模式进行分析可知，要想提升制造业的竞争实力，就要实现制造业的服务化发展，这也是未来制造业转型升级的新动向。

所谓"制造业服务化"，是指制造企业从单纯地提供产品转向提供产品、服务乃至整体解决方案的过程，通过转型，企业不仅可以使客户的个性化需求得到满足，还能实现产业价值的延伸，推动工业经济转向服务经济。

与此同时，互联网在社会、经济各个领域都实现了普及应用，使整个社会的创新力、生产力得到了全面提升。现阶段，互联网与制造业的融合之势越发明显，而且全球制造业都呈现出服务化的发展趋势，使制造业的传统竞争格局被彻底颠覆。

美国通过发展"工业互联网"，实现了人、机器与数据之间的连接，建立起覆盖世界各国的工业网络，拓展了工业互联网的内涵，冲破了行业限制，延伸到价值链的各个环节，在交通领域、医疗领域、航空领域的发展过程中发挥了积极的推动作用。

目前，我国制造业长期处于国际价值链的中低端，亟须与互联网融合，借互联网实现服务化转型。在后续发展的过程中，制造企业需要借助互联网系统设备的运行进行数据获取，据此了解这些设备在设计方面存在的不足，进一步提高其运行效率，加快产品生产。企业所属领域、具体产品不同，决定了不同企业的服务也不相同。在与互联网结合发展的过程中，传统企业应该积极改革商业模式，通过提供优质的服务来获得客户的认可。

传统制造业的产业链主要包括上游、中间及下游三个组成部分。上游为设计环节，中间为产品制造环节，下游为销售环节。相对于上游及下游，中间环节的附加值含量有限，也是传统制造业集中分布的环节。为改善这种局面，制造业应该向上、下游拓展，注重服务业的发展，增加产品的价值含量。

在改革过程中，制造业的结构会发生变化。除产品之外，服务提供也将成为企业的主体部分，推动企业的升级与转型。升级之后，除了承担产品生产工作之外，企业的业务范围将拓宽，发展服务提供与专业信息咨询业务。制造业的服务将贯穿于产业链上的各个环节，具体包括产品开发、市场分析、产品组件提供、相关设备服务、物流服务、仓储管理服务等，成为支撑整个产业正常运营的基础。

作为一种先进的制造模式，制造业服务化有利于实现创新发展，推动制造业全面升级。制造业服务化是在传统制造的基础上，以服务为导向，从单纯地提供产品转向提供产品与服务。目前，世界各国的制造业都在向服务化转型发展，在此形势下，制造业要想实现转型升级，提升市场竞争力，就要向服务化方向发展。

比如，耐克、米其林轮胎等企业都通过重构产业链将加工制造环节分突出来，对人力、物力、财力等资源进行整合，专注于产品设计、市场营销、客户管理、品牌维护、流程控制等环节的运营，从典型的制造企业发展为优质服务提供商。2008年金融危机结束以来，欧美等发达国家为抢占世界经济市场的主导权，掀起了一波新的工业化浪潮，重新对制造业的战略地位进行定义，大力推动制造业的服务化转型，使制造业再次成为国际竞争的焦点。

国外制造业服务化的发展现状

分析世界范围内跨国企业的发展历程能够发现，向服务化方向的转型，能够使制造业获得长期性的发展。

在这方面具有代表性的企业有：IBM（国际商业机器公司）、NIKE（耐克）、GE（通用电气）。这些公司在传统模式下都围绕产品制造开展整体运营，如今服务业已发展成为其主导业务之一。

创立于1911年的IBM公司早期以硬件生产为主，当前，除硬件之外，公司还为客户提供系统化的网络及软件服务。IBM于2004年将个人计算机业务出售给中国联想集团，对传统业务模式进行了改革，从初期的产品提供转向服务提供。数据统计结果显示，网络信息服务给企业带来的营收占到总体的一半以上。

体育用品品牌耐克曾以产品制造为主，如今，耐克公司与第三方生产商达成合作关系，由他们负责产品生产，耐克则通过整合人力、资金、物力等优势资源，聚焦于产品研发与设计，并大力进行品牌打造与传播。从这个角度来说，服务业已经取代了传统的制造业，成为耐克的主导业务。

上述企业在实现服务化转型的过程中，主要采取了以下两种方式：

（1）采用服务性核心技术，借助企业的雄厚实力基础向服务化方向转型。在这个过程中,企业要对原有产业链结构进行调整,提高生产性服务业在总体中的比重,聚焦于产品开发与设计、市场营销、供应链管理等服务的提供,耐克是这方面的典型代表。

(2)采用多元化经营方式,实施战略转型。很多实力型企业在发展传统业务的同时,敏锐发掘具有发展前景的新兴产业并积极展开布局,在后续发展过程中逐步降低传统核心业务的比重,通用电气公司是这方面的典型代表,该企业在发展过程中逐步转向金融、医疗等新兴产业的发展,降低了传统电器业务的比重。

现阶段,世界各国都将服务化视为制造业价值链最主要的增值点,自然制造业服务化也就成为国际产业竞争的焦点,成为制造企业转型升级的必经之路。所以,美国、德国等发达国家倾力推进制造业服务化。

比如,为实现制造业服务化,芬兰先后部署了三项工作计划,分别是创新制造、创新服务、创新运营模式;欧盟全面推进制造业创新,将发展高附加值的欧洲制造、建造以知识为基础的工厂视为重点项目;日本集中一切资源营造有利于制造业服务化的环境,完善基础设施建设,制定行业标准;美国"工业互联网"等战略都将制造业服务化视为核心。

借助于政府的政策支持,发达国家制造业服务化的发展正快速推进。Andy Neely 公司发布的数据显示:相较于发展中国家来说,美国、德国、日本等发达国家制造业服务化的水平要高很多,比如在美国所有制造企业中,实现了制造业服务化的企业占比近60%,而在发展中国家,实现了制造业服务化的企业在所有制造企业中的占比不足10%。

我国制造业服务化发展现状

近几年,制造业服务化引起了我国政府、制造业企业的高度重视。为了推动制造业服务化发展,我国政府在深化服务行业体制改革、降低服务门槛、扩大出口退税等方面颁发了一系列利好政策,为制造业服务化发展创造了良好的外部条件。

制造业服务化发展相关的市场需求不断增长。在此情况下，一些行业龙头企业开始了制造业服务化的探索，产生了很多成功案例，使我国的制造业服务化呈现出积极发展之势。目前，我国制造业服务化的探索主要集中在装备制造、通信设备、信息技术、汽车、智能设备等领域，亟须向其他领域扩散。现阶段下，部分企业表示将趋向于服务化发展方向，并逐步实现自身转型与升级。

举例来说，知名家电品牌海尔于2010年宣布，公司要将生产业务外包给合作生产商，自身则聚焦于产品的开发、设计及服务提供。包括宝钢、一汽公司等在内的知名制造企业都设有信息部门，随着企业向服务化方向的转型，这些部门逐渐成长为服务企业，并专注于服务业务的提供。如今，宝钢宝信、一汽启明公司都已成为产业链上的重要一环，主打服务业务。

政府相关部门出台支持性政策，旨在推动传统制造业的转型升级。为加快发展服务业，国务院于2007年下发《关于加快发展服务业的若干意见》，强调要重视生产性服务业的发展，借此推动制造业的转型与升级。

2009年国家出台《装备制造业调整和振兴规划》，鼓励制造业企业提高服务业的比重，及其对企业发展的贡献，并制订了明确的时间规划。

2014年，国务院发布《国务院关于加快发展生产性服务业促进产业结构调整升级的指导意见》，指出我国生产性服务业要重点发展研发设计、第三方物流、融资租赁等服务项目。

与此同时，中国机械工业联合会代表的行业协会组织也积极促进制造业与现代服务业的结合发展，希望发挥实力型企业的带头作用，促进整个行业的发展与转型。

不仅如此，地方性政府也提出相关支持性政策，用于推动制造的服务化转型。比如，广东省人民政府办公厅发布《广东省人民政府办公厅关于加快发展生产性服务业的若干意见》，计划到 2017 年将大型骨干工业企业服务收入的总体占比提升到 15% 以上。

虽然我国制造业服务化发展取得了一些成就，但相较于德国、美国、日本等发达国家来说，我国对制造业服务化的认识还停留在初级阶段，制造业服务化水平较低。问题主要体现为以下几个方面：

（1）装备制造业在服务方面的拓展比较有限。国内部分装备制造业在研发、设计、科技创新环节取得了显著成绩，但只有少数企业从事集成服务的提供。在制造业产业链中，我国制造企业主要负责组装加工环节的工作，产品技术含量较低，附加值也比较低，企业没有太多生产性服务需求，只要满足生产性服务企业在批发零售、仓储物流方面的需求即可。换句话说，大部分企业仍然采用传统的价值链结构模式，并未做出有效调整。

（2）大部分制造企业都不具备服务化转型的条件与能力，价值链延伸程度不足，无法为用户提供集成服务和整体化解决方案。虽能开展产品定制业务，但业务效果却差强人意，企业的核心竞争力仍有待提升。

（3）实力型企业尚未在新兴行业内展开深度布局。目前，我国不少实力型企业都在房地产行业内有所涉足，但他们的目的仅限于快速盈利，相比之下，在金融服务、医疗、信息咨询等新兴行业内进行深度挖掘的企业并不多。

为什么会出现这种情况？我认为主要有以下两点原因：

第一，国内制造业的发展还不完善，竞争实力仍有待提高。要想从制造环节向集成服务方面转型，就要发挥关键技术的支撑作用。尽管国内制造业的规模居世界首位，但总体实力仍有待提高，缺乏足够的资金支持，企业生产出来的产品也容易被竞争对手模仿。因此，企业无法向客户提供系统化的集成服务，仅限于承担价值链上某些环节的任务。

第二，制造业的风险控制能力有限，资金力量薄弱。虽然很多制造业企业都希望走上服务化发展道路，但布局新兴领域是一个长期的过程，对企业的资金实力提出了较高的要求，还可能发生许多风险。比如，企业在技术创新、市场营销、日常运营过程中都要承担相应的风险。但多数制造业企业还达不到这个要求，在转型升级过程中遇到了许多难以克服的困难。

全球制造业服务化的发展趋势

◆产品上附加服务成为制造业服务化的基本模式

目前，制造业服务化转型主要通过"产品＋服务"实现，也就是核心技术服务化。比如，世界上最大的航空发动机制造企业罗尔斯·罗伊斯尝试了一种新的业务模式，通过"租用服务时间"向客户出售发动机，以发动机为核心拓展了发动机租赁、保养、维修、数据分析与管理等多项服务。只要客户购买的发动机发生故障，罗尔斯·罗伊斯公司会立即派人维修。目前，在罗尔斯·罗伊斯公司出售的喷气发动机中，超过50%的发动机签署了服务协议，罗尔斯·罗伊斯公司因此获得了一笔可观的服务收入。

在粗放式工业发展思潮的影响下，我国制造企业并没有掌握核心技术，而且过于注重生产规模、生产速度及产品，推崇大规模批量化生产，忽视了产品质量、生产效益及服务，很少推崇个性化定制生产模式，导致企业很难为产品提供附加服务。同时，制造企业推行服务业务需要大量人员和资金，短期投入大，面临的风险比较多，为了实现稳定发展，很多制造企业都不愿意冒险尝试服务化，导致制造业服务化发展的动力不足。

◆研发设计和整体解决方案是制造业服务化的重要内容

为应对激烈的市场竞争，制造企业不得不加紧研发新产品、新技术，

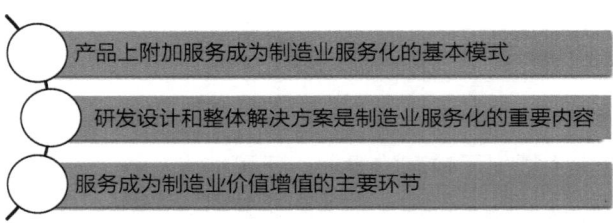

图 4-1　全球制造业服务化的发展趋势

紧随市场变化，通过持续创新提升自己的核心竞争力。同时，制造企业对功能设计之于产品研发的作用有了全新的认知，意识到产品研发不仅要改进技术，还要将产品设计融入其中，让产品功能与外观设计相协调。

除此之外，制造企业还尝试为用户提供整体解决方案，在产品销售之外增加了很多服务，比如售后安装、使用培训、维修保养、金融保险，等等，极大地提升了用户的满意度，增强了用户的忠诚度。

制造业服务化发展的目的是在最大程度上实现价值增值，研发设计、整体解决方案正好满足了制造业的这一需求。相关数据表明：在制造企业提供的所有服务中，研发设计、整体解决方案占比接近40%。过去，制造业的发展以产品为导向，当前，这种导向正在逐渐向研发设计、整体解决方案转变。

自改革开放以来，我国制造业迅猛发展，形成了一个种类齐全、相对独立的产品体系。但因为大部分制造企业过度追求眼前利益，希望在较短的时间内尽可能地拓展市场份额，忽略了核心技术研发与服务拓展，导致研发设计水平偏低，无法为用户提供多元化、差异化、个性化的集成服务，产品与服务严重同质化，区域、行业发展失衡，没有能力为用户提供更优质的整体解决方案，导致服务化转型频频受挫，转型程度和效果均不佳。

◆ 服务成为制造业价值增值的主要环节

过去，制造业的价值链以制造为中心，服务化之后，其价值链将转向以服务为中心，而且制造环节在产品附加值构成中的占比将越来越低，服务增值占比将越来越高。相关资料显示：跨国公司产品生产环节创造的价值在产品总价值中的占比只有 1/3，剩下 2/3 的价值是由服务环节创造的。

制造业服务化要求制造业变革发展模式与产业形态，拓展其生存发展空间。以汽车产业为例，在成熟阶段，单纯的汽车制造所产生的投资回报率不足 5%，而围绕汽车进行服务投资却能获得近 100% 的投资回报率。相较于产品来说，服务几乎不可模仿，所以制造企业完全可以通过服务开展差异化经营，打造自己的差异化竞争优势，增强顾客忠诚度，提升自己的盈利能力。

经过几年时间的发展，我国制造业的服务化发展取得了一定的成就，但从整体来看，在全球制造业的价值链中，我国制造企业仍聚集在劳动密集型制造环节，产品附加值非常低。出口导向型企业在这方面表现得尤为突出，因为在其所有业务中，加工出口贸易占比较大，而且在全球价值链中所处层次较低，企业通过服务化提升自己附加值水平的动力不足。

从总体来看，在我国的制造业中，占比最大的是一般加工制造业，这些企业大多刚刚开始服务化。对于这些制造企业来说，只有不断融入服务，拓展服务，才能不断向价值链两端延伸，才能切实提升产品的核心竞争力，增加产品的附加值。

4.2 云制造：面向服务的网络化制造

云制造的理念：制造即服务

北京航空航天大学李伯虎院士、张霖教授等人于 2009 年在《云制造——面向服务的网络化制造新模式》论文中首次提出"云制造"的理念，并对云制造的理论体系与技术组成进行了系统化的分析。物联网技术、新兴制造技术、信息技术的结合发展是云制造诞生与发展的基础，其发展过程生动阐述了"制造即服务"的观点。

云制造依托先进的信息技术手段将多样化的制造资源纳入一个系统中，用虚拟化技术输出统一的服务。在云制造模式下，用户能够及时有效地获取制造服务，享受更加优质、便捷的生活。

资源整合是云制造的主要特征之一。传统模式下，企业生产制造过程中涉及的各类资源，比如计算资源、数据资源、软件系统、检测系统、加工资源等是相互独立的，云制造能够将这些资源链接到一起，促进资源的高效配置，降低企业在这个环节的成本消耗，实现"个体之和大于整体"的效果，从而提高制造业发展的智能化、现代化水平。

在系统集成方面，云制造体现出区别于传统制造的新特征。以往，制造业采用系统集成技术是为了促进不用环节之间的信息互动，这种集成系统采用紧耦合的集成方式，无法应对复杂多变的外部环境，在系统维护方的成本消耗量大，增加了企业改革业务流程的难度，扩展性较差。运用面向服务架构（Service – Oriented Architecture），制造业则能够以松耦合集成方式开展运营。

云制造依托网络技术，通过整合智能科学技术、专业制造技术、先进信息技术等，促进企业生产制造过程中涉及的多元化要素与资源之间的连接，通过这种方式为用户提供优质、高效、便捷的服务。

依托先进的知识体系，云制造技术能够利用网络平台的优势，提高企业生产制造的反应速度。通过在虚拟制造平台开展运营，在发展云业务的过程中，企业能够根据实际需求调整业务规模。

在云制造模式下，用户可以在网络平台下载所需的制造资源并获取相关服务，还能根据自身实际需求随时增加或削减资源数量。在这个过程中，制造云池负责为用户提供资源服务，支持用户在云制造系统中开展业务，并通过制造技术的应用提高业务运行效率。

云计算的理念被包含在云制造中，通过云制造在制造领域中得到了应用与拓展。在应用过程中，要将整合起来的制造资源进行虚拟化处理，在此基础上满足用户的产品及服务需求。制造资源主要包括以下五种：

（1）软件资源。如计算机辅助设计（CAD）、计算机辅助工程（CAE）软件等，应用于产品设计与研发、制造与生产环节中。

（2）硬件资源。如生产机床、机械、检测设备等，应用于产品制作过程中，可以在网络平台进行资源信息的输出，为资源需求者提供服务。

（3）知识资源。比如制造知识、专业设计知识、产品研发遵循的标准、规范等。需要操作人员在长期实践过程中进行积累。

（4）专业人才资源。

（5）云计算与信息技术资源。

国内外云制造模式的应用发展

西方发达国家已经在云制造领域展开了布局。2010 年 8 月，欧盟第七框架耗资 500 万欧元推出制造云项目，旨在通过"软件即服务"的应用，满足用户对制造服务的需求。三年之后，欧盟正式提出"云制造"（Cloud Manufacturing）的理念，并开始实施相关项目，计划推出计算机辅助工艺方案，服务于中小企业用户。这个项目的参与方包括四个国家的知名大学、一个跨国制造企业与六家中小企业，目的是优化产品制造生产的整个过程，促使中小企业改革与优化制造流程，提高企业的定制化能力，使其能够更加从容地应对世界市场的变化，并生产出更加符合市场需求的产品与服务。

2000 年，美国建立制造能力交易平台 MFG.COM，服务于世界各国的制造业客户。在这方面，美国波音公司以制造服务外包方式，通过网络平台联合 40 多个国家与地区共同推出波音 787，仅用原本 70% 的时间就完成了产品研发任务，并将研发成本减少了一半。

我国政府部门十分重视云制造模式。认识到云制造能够有效推动制造业转型升级之后，科技部于 2010 年将云制造纳入 863 计划中。通过制定与云制造相关的核心技术项目，来促进国内制造业的网络化、信息化发展。在政府部门的鼓励下，越来越多的企业加入云制造研究的队伍中来，积极开展相关技术的应用与实践。

2013 年，工信部在 16 个省开始实施"工业云创新行动计划"，在一些地区进行云制造应用的探索。科技部推出重大云制造专项，用以推动集团企业建设云制造平台。中国航天科技集团有限公司（CASC）和中国航天科工集团有限公司（CASIC），与部分中小企业都在云制造方面展开了布局，旨在开发云制造的核心技术，构建云服务平台，促进技术落地。其间，航天两大集团公司与国内多家研究结构、科技企业、高等院校等达成合作关系，建立起专业的云制造研制团队。

当前，我国已经在云制造研发领域取得了一定的成绩，完成了一期项目的验收工作，其中，"大型复杂装备制造集团企业云制造服务平台研发及应用"项目就是由中国航天科技集团公司与国内知名制造企业与高等院校共同推动进行的。

政府部门主导的863计划、制造业信息化工程设立了许多与云制造相关的研究专项，旨在促进云制造在中小企业在发展过程中的应用，并构建了许多云制造应用平台，比如区域性网络化制造系统，服务于北京、浙江等不同地区，在应用过程中实现了经验积累。还有企业在分析区域性中小企业发展特征的基础上，推出面向这些企业的专属云平台。

比如，北京神舟航天软件有限公司推出了服务于宁波地区模具中小企业的云平台，该平台为行业内所有企业提供云端开放入口，方便企业在平台上进行资源获取与下载。这种方式有效解决了宁波地区制造产业在集群化发展过程中遇到的问题。

当前，我国在云制造应用方面的发展已经有所进步，针对不同领域的集团企业开发的云制造平台、针对中小企业开发的云制造平台都进入了运行阶段。以北京、宁波为代表的地区在智慧云制造领域展开了积极探索。云制造应用的落地为国内企业的制造业信息化发展带来了更多机遇，并增加了企业的利润所得。

现阶段下，云制造产业的发展尚处于早期探索时期，越来越多的国内企业认识到了云制造的价值并在该领域进行了布局，但在具体应用过程中，很多企业都遇到了普遍性的技术问题。由此可见，云制造的应用与发展不可能一蹴而就，要整个多方资源优势，集中力量进行核心技术的研发，促进科研成果的落地，政府部门、企业、院校等都要积极参与其中。

在这个过程中，要注重发挥应用需求的驱动作用，加强企业产品生产与制造过程中的资源整合，推动建立行业标准，提高平台应用的安全性，突破行业界限，联合多方参与力量共同促进云制造应用的发展。

基于按需供应模式的云制造服务

在全球经济一体化进程不断加快的时代背景下，人们越来越注重个性化消费需求，制造业与服务业之间的界限变得越来越模糊，制造业从传统模式下以产品为主，逐渐转变为服务型制造。随着发展，制造业更加重视资源的高效利用，并认识到了知识资产的价值，积极向服务化方向转型升级。以往不少以产品制造为主的国际知名跨国企业集团，如今都已完成了向服务化方向的转变。

一个国家的经济结构组成方式，会对其国际地位产生重要影响。以占据世界第一经济强国位置的美国为例来分析，一方面，美国的服务业即第三产业在总体中所占比例高达73%，第一、第二产业主要分布在海外国家，比例较低，所以美国能够发挥发展中国家的劳动力资源优势制造产品，以进口方式满足本国市场所需。在美国，现代服务业是财政税收、国内生产总值的主要来源，并提供了大量的就业机会。另一方面，在服务业中，生产性服务业占到总体的73%，集中体现出了美国的经济实力。

我国制造企业也逐渐趋向于服务化发展方向，通过发展服务型制造业进行产业升级，其中部分企业已经成功实现了服务化转型。航天云制造应用服务运营中心是这方面的典型代表。作为航天产品制造云平台的运营方，其主导业务是监管系统软件的运行情况，并为云制造服务需求者提供系统化方案。

云制造服务模式以现代网络化先进制造技术为基础，并引入了云计算、物联网等先进技术手段，能够扩宽资源调度范围，突破地域因素的限制，承担大规模的制造工作，并通过构建云服务平台来对接用户的信息搜索与应用需求，以智能化方式分配制造资源。

按需供应集中体现出云制造与传统网络制造之间的不同，能够强化制造企业对云制造资源、专业服务平台、服务提供方与用户的管理，促进不同要素之间的互动。通过按需供应，云制造服务能够对多样化的制造资源、用户需求进行有效的梳理，采用恰当的资源获取、应用与管理方式，促进制造资源的优化配置，从而提高资源利用率，提高制造业的发展效益。这种方式优先考虑用户需求，能够根据需求进行服务匹配。采用这种方式的制造业企业能够解决原有资源配置方式存在的问题，以服务型制造代替生产型制造。

利用云制造服务平台，企业能够根据产品制造生产过程中各个环节的资源及服务所需，输出相对应的优质制造资源与服务。此外，云制造服务平台不受地域、文化因素的限制，在为制造服务需求者提供服务的同时，还能满足服务提供方在信息发布方面的需求，并帮助这类企业扩大业务范围，能够促进制造需求与制造资源及服务之间的完美匹配，从而提高资源的利用率，提高制造业发展的智能化与现代化水平，使其更加适应市场环境的变化，在提供制造服务的过程中使企业运营突破空间、地区因素的束缚，加强不同制造商之间的沟通与合作关系。

云制造具有智能化的特点，其发展能够加快"中国制造 2025"战略规划的实施。企业本身的发展需求，加上政府部门推出的支持性政策，促使很多企业加入到了云制造研究与应用队伍中，为云制造的发展起到了积极的推动作用。云制造能够实现多种制造资源与制造能力的整合，在整个社会范围内构建起依托网络平台、针对服务的制造模式，服务于国民经济的发展。云制造能够重塑制造业的生态环境体系，为企业提供全方位的云端服务，满足企业对制造资源的需求，加强世界范围内的产业合作，通过网络平台为需求方提供制造资源与制造能力方面的服务，促使企业对市场变化做出快速的反应，并突出其竞争优势。

当前的云制造在研究与应用方面的发展还不成熟，相关的技术、模式及应用并不完善，仍然需要通过实践进行持续性的发展。未来，参与者要对云制造的相关问题进行更加深入的分析，逐步扩大云制造的应用范围，推动国内企业在云制造领域进行实践与探索，将理论内容应用到实际发展过程中，促进我国制造业向服务化方向发展。

4.3　我国制造业服务化的实现路径

"互联网+制造业服务化"

在互联网环境下，我国各产业呈现出明显的社会化、专业化发展趋势，企业内外的联系与合作进一步增强，尤其是在能源、原料采集，产品研发、生产、销售，乃至售后服务、信息反馈等方面的合作进一步加深，对金融、广告、物流、信息、咨询、培训、维修、租赁等服务的需求持续增长，服务要素逐渐发展为生产要素，制造业与服务业实现了有效联动。

随着众包设计、网络精准营销、全生命周期运维、便捷化电商、供应链管理等新业态的不断出现，服务价值得以进一步提升。在此形势下，大型制造企业以互联网为依托实现了服务化转型，中小企业也以产品为中心，借云计算、云服务等技术为顾客提供相关服务，尤其是纯粹的服务产品，使自身竞争力得以大幅提升。

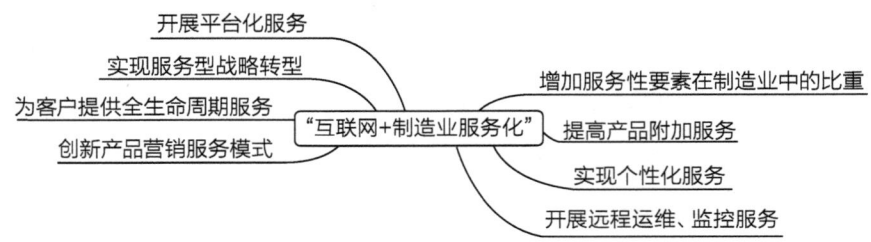

图4-2　"互联网+制造业服务化"

◆ 增加服务性要素在制造业中的比重

互联网可打破地域限制，对各方资源进行整合，创建一个网络化的创新平台。该平台可实现跨领域协同，通过对信息、知识等资源进行集成利用，不断提升服务要素在制造业投入中的占比，比如设计研发、商贸物流、生产管理、金融担保、人员培训、检测认证等，降低实物生产要素的比重，提升企业的生产效率与运营效益。

同时，制造业企业通过引入互联网等信息技术，可为用户提供多元化的服务，比如多种类型的金融服务、精准的供应链管理服务、便捷的电商服务等，让产品与服务交易更加便捷，使企业的交易效率、综合竞争力得以进一步提升。

比如，通用电气公司集中各种优势资源发展资本服务业务，为工业部门的发展提供支持与动力，切实提升了"技术＋管理＋服务"创造的产值，使其在总产值中的占比超过了70%。

◆ 提高产品附加服务

制造企业利用互联网、大数据等技术在产品中植入传感器及软硬件系统，赋予产品智能化功能，提升了产品性能，然后从生产机械产品转向生产智能产品，从单纯地生产产品转向提供基于产品的服务。

比如，某些企业利用传感器、互联网技术开发生产了可穿戴设备、智能家居等产品，切实提升了产品功能。谷歌是这方面的典型代表。谷歌利用互联网开发了很多新产品、新服务，尤其是智能眼镜、无人车等新型硬件设备，成为"互联网＋制造业"融合创新领域的领军者。

◆ 实现个性化服务

随着互联网、移动互联网的普及应用，以其为工具，消费者可以参与到企业生产、价值创造的全过程中去，彻底改变了以往生产者和消费者之间的关系，让消费者逐渐取代生产商、流通商成为企业价值链的主导者。

在这种情况下，企业的一切活动都要围绕用户进行，包括企业战略的制定、商业模式的设计、日常业务的开展、企业文化的建设等。同时，制造企业还能通过移动终端、社交平台获知用户的真实需求，开展定制化、柔性化生产，加快对市场的响应速度，生产出能满足消费者个性化需求的产品，为消费者提供个性化服务。

◆ 开展远程运维、监控服务

制造企业利用互联网与终端客户沟通交流，增进与终端客户之间的联系，通过远程运维、监控服务使产品实现稳定运营，全面提升产品运营效益，从而形成差异化竞争优势。

比如，陕鼓动力公司为设备增加了通信功能，远程在线监测设备运行情况，诊断设备运行故障，将获取的数据通过互联网传送到控制中心，由技术专家进行诊断，提供咨询、维修服务，从而降低了设备检修成本。如此一来，不仅产品附加值有所增加，该公司也从单纯地制造产品转向了提供工程承包与远程运维服务。

◆ 创新产品营销服务模式

近年来，互联网纵深发展，移动终端快速普及。在此形势下，电商逐渐从消费领域延伸到了制造行业，其平台功能逐渐从单纯的交易向研发设计、物流配送、生产加工、金融租赁等方向拓展。对于制造企业来说，交易效率、交易便捷化逐渐成为其核心竞争力的关键构成要素。

比如，世界知名的工程机械生产企业卡特彼勒公司（Caterpillar，CAT）为重新在市场竞争中占据优势地位开启了战略转型，创建了一个零配件多级供应网络，业务遍及全球，致力于为客户提供多元化的服务，比如技术支持、维修保养、使用培训等，重新构建了企业的核心竞争力。

◆ 为客户提供全生命周期服务

近来，制造业产业链不断完善，客户需求也日渐丰富，逐渐从单一的产品转向了产品与服务的集合。制造企业能否形成核心竞争力，关键在于能否为用户提供全生命周期的服务。在互联网、移动互联网的支持下，制造企业创造了一种全新的服务模式，向客户提供集研发设计、安装维护、生产制造、人员培训于一体的服务，并对产品进行系统化整合，使企业业务得以进一步拓展，将在产品全生命周期内为顾客提供全方位服务打造成企业的核心竞争优势。

比如，华为公司根据客户需求构建了三个水平化的服务体系，分别是专业、客户支持、培训服务，并与行业特点相结合构建了垂直化服务解决方案及整合渠道能力和资源构建联合专业服务解决方案，使客户多元化需求得到极大的满足。

◆ **实现服务型战略转型**

随着生产成本不断攀升，市场竞争越发激烈，加工制造环节的附加值不断下降。面对这种情况，很多大型制造企业都对产业链进行了重组，将经营重心从产品的加工制造转向为客户提供产品研发、物流运输、融资租赁等服务，从生产商转变为服务提供商。比如，在通用汽车的利润链中，服务业务的收入占比超过了60%。

还有一部分制造企业通过应用互联网开发出了一些专业性的服务，比如信息咨询、运行维护、系统集成等服务。比如，风机制造企业远景能源通过研发智能风机，从传统的风机企业转变为能源互联网公司，管理的新能源资产超过1000万千瓦。

◆ **开展平台化服务**

为增强企业的核心竞争力，一些制造企业将部分功能独立出来外包给其他企业，平台型服务机构就此产生。这些机构专门为制造企业提供研发设计、人员培训、融资租赁、加工制造等服务。随着互联网推广应用，平台化服务的渠道更便捷，内容也更丰富。

比如北京"工业云服务平台"耗用极少的资金将产品设计、加工制造、工艺规划等环节衔接在一起，为制造企业提供技术交流、共性技术、支撑保障等多元化的服务。

制造企业的服务化转型路径

◆ **强化制造企业核心能力建设**

（1）引导制造企业创建现代企业制度，建立健全内部治理结构，创建一套行之有效的激励约束机制和先进的企业文化。

（2）根据企业的实际情况制定科学的发展战略，将员工的创造力、创新力激发出来，优化资源配置，提升资源配置效率。

（3）在日常运营过程中，制造企业要学会积累资源，形成差异化竞争优势。这些资源包括品牌、企业文化、客户关系、营销网络等。

（4）制造企业要加强技术研发与专利建设，不断提升技术开发能力，以开发出更优质、更独特的服务。

（5）优化企业的运营管理体系，对各种企业资源（比如人、财、物、技能、知识等）进行组织与管理，从风险控制、运营管理等各个角度支持服务创新。

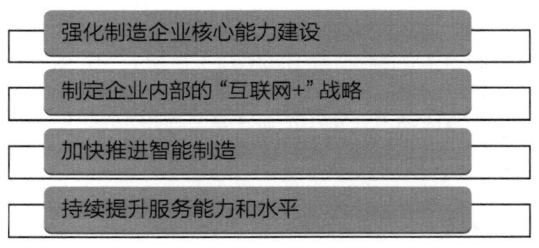

图 4-3　制造企业的服务化转型路径

◆ **制定企业内部的"互联网+"战略**

（1）通过梳理、整合各个业务流程制定统一的"互联网+"战略，并将该战略升级为企业的核心发展战略。

（2）成立信息化管理部门专门负责实施该战略。

（3）设立 CIO（首席信息官），CIO 要进驻企业高层，为"互联网+"战略的实施保驾护航。

（4）创建信息技术服务管理体系，对数据资源进行充分挖掘、有效利用。

◆ **加快推进智能制造**

（1）制造业要想实现服务化转型就必须实现智能制造，而智能制造的实现需要企业将所有物理设备、相关人员接入互联网，通过将信息系统嵌入产品赋予产品感知、控制、传输等功能。

（2）制造企业要使用软件技术提升机器性能，增强企业的智能化能力，赋予物理设备计算、通信、远程协同、精准控制、自我管理等能力。

（3）一个车间里的机器设备要实现相互通信、相互协作，各个生产线之间要实现高度协同。

（4）企业要根据供应链的具体情况，结合市场需求，对多个车间、多条生产线进行优化调度，高效、高质量地完成生产任务。

（5）生产车间里的所有设备、制造系统都要与人连接，实现人机交互。

◆ **持续提升服务能力和水平**

（1）制造企业要不断加大在产品设计、技术开发、信息服务等方面的投入，包括人力投入、资金投入，以产品功能为核心，对业务流程进行重构，培育一种全新的业务形态。

（2）制造企业要开展多元化的业务，比如个性化定制、供应链管理、远程在线监测与运维、网络精准营销等。

（3）制造企业要发展一些专业化服务，比如技术支持、设备保养、设备维修、设备改造等，保证设备高效率、高质量运行。

（4）如果制造企业资金实力比较雄厚，可以尝试建立财务公司，发展融资租赁业务。

推动制造业服务化的对策建议

在全球制造业价值链的"微笑曲线"中，我国制造业长期处于中低端，亟须利用互联网实现服务化转型，为"中国制造2025""制造强国"等战略的落地提供强有力的支持。国内制造服务业的发展仍处于探索阶段，相关部门要进一步提高对制造服务业的重视程度，并将其作为制造业与现代服务业未来的发展方向，从政策层面加大对制造业服务化的引导与支持。

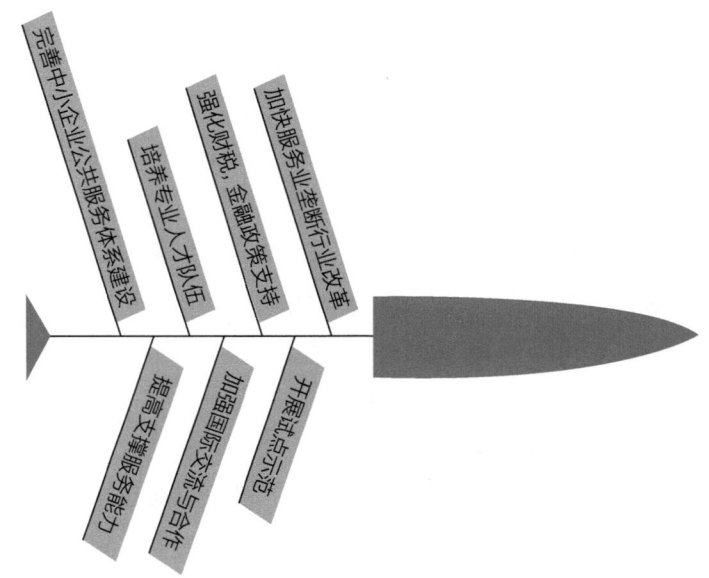

图4-4 推动制造业服务化的对策建议

◆ 加快服务业垄断行业改革

（1）降低市场准入门槛，实现投资主体多元化，创建一个健康的市场环境，开展公平竞争。

（2）简化审批与资质认定流程，鼓励制造企业在原有业务的基础上发展服务业。

（3）支持装备企业获取工程与设备总承包资质，开展总承包、总集成服务。

（4）为从制造业服务化中衍生出来的新型服务提供强有力的支持，比如信息技术系统解决方案、3D虚拟仿真设计、逆向信贷等。

◆ 开展试点示范

（1）选取一批典型示范企业，总结其在服务化转型方面的经验，探索制造业服务化转型模式，将该模式推广应用。

（2）引导制造企业树立为产品全生命周期服务的目标，为用户提供全产业链延伸服务，比如技术支持服务、故障检测与维修服务、产品保养与维护服务等。

（3）鼓励制造企业为用户提供融资租赁、消费信贷、仓储物流、电子商务等服务，以提升交易效率。

（4）将物联网技术引入制造企业，实现在线监测、全生命周期追溯、远程诊断等功能，培育典型案例。

（5）创建第三方认定服务体系，鼓励制造企业进行符合性认定。

◆ 强化财税、金融政策支持

制造业的转型升级对资金的要求比较高，且需承担诸多风险，企业难以独立承担所有资金压力，针对这些问题，相关部门可以在税收、金融方面出台相关支持性政策，鼓励金融机构改革传统经营模式，帮助企业解决资金困难。

（1）降低税率，减轻生产性服务企业的税负。

（2）将工业转型升级资金划拨出一部分设立制造业服务化专项资金，为制造企业的服务创新提供资金支持，做好制造业服务化公共服务平台建设。

（3）政府采购，支持制造业服务化转型。

（4）金融机构创新金融信贷产品和服务，从金融层面为制造业服务化提供强有力的支持。

（5）形成完善的风险管控体系，允许企业通过风险投资，降低自身压力，提高其风险管理能力。

◆ **加强国际交流与合作**

（1）紧跟全球互联网技术和应用发展趋势，借鉴西方发达国家的先进举措。

（2）支持国内制造企业在海外建厂（包括研发基地和生产基地），创建一个能够覆盖全球的创新网络。

（3）进一步扩大对外开放，鼓励跨国公司、科研机构在我国建厂。

（4）鼓励制造企业创新商业模式，开展服务贸易，将技术、会展、货代等服务外包出去。

（5）支持国内企业积极参与国际标准的制定与修订，转变一直以来被动接受的姿态。

◆ **培养专业人才队伍**

（1）高校、职业教育机构开设制造业服务化专业，创新教学模式，培养可以满足社会需求的专业人才。

（2）培养复合型人才，其标准是既了解制造业，又了解服务业，还会互联网运营。

（3）各类教育机构要大力发展实训教育，培养技能型人才。

（4）提供咨询服务，制订人才培养计划，创建合理的人才管理机制。不仅要吸引人才，将人才的技能、潜能充分发挥出来，还要留住人才，为制造业服务化提供人才保障。

◆ **提高支撑服务能力**

（1）相关服务机构之间要建立紧密合作，对与产品开发、生产、销售等环节有关的各类资源进行有效整合，创建一种标准的、规范的、可实现共享的云制造服务模式。

（2）各类服务机构要摒弃传统的服务模式，创造一种新的服务模式，以提升服务质量。

（3）服务机构要专门面向制造业开发一些互联网服务，提升服务水平与能力。

◆ **完善中小企业公共服务体系建设**

（1）鼓励服务机构面向中小企业构建专业化的公共服务平台，为其提供基础材料、基础工艺、基础元器件的生产、检测、认证等服务。

（2）建立健全中小企业公共服务平台网络，建立信息联通机制让这些网络交互，共同为中小企业提供综合性服务。

（3）建设中小企业服务联盟，为中小型制造企业提供全方位、专业化的服务。

（4）为中小企业提供网络基础设施服务，比如网站与公众号建设、流程外包、数据托管等。

总而言之，进入"互联网+"时代之后，制造行业企业要转变思想，树立制造业与服务业融合发展的理念，通过技术创新、管理创新、商业模式创新、组织创新实现服务化转型，并积极与互联网对接，实现融合发展。

CHAPTER 5

数字化制造：
构建智能制造新图景

5.1 智能制造：体系构建与行动路径

制造业智能化、数字化转型

进入 21 世纪后，信息技术的发展速度不断加快，现代化人工智能技术的发展尤为迅速，并在发展过程中取得了一系列成就。与此同时，网络信息技术、智能化技术、数字化技术在制造领域的应用，推动了行业革新与发展，促进了新一轮工业革命的开展。现代化制造技术与人工智能技术的结合发展，使智能制造技术应运而生，为新一轮工业革命提供了技术支撑，促使制造业在运营模式、发展理念等方面进行创新，探索新的发展路径，建立新的技术体系，并改革传统产业业态，为全球制造业的发展打开新的局面。

从本质层面来分析，信息系统具备认知与学习能力是新一代智能制造的主要特征。认知与学习功能本属于人类大脑的功能，如今将这两种功能赋予信息系统，是对人与信息系统之间关系的彻底颠覆。如此一来，信息系统除了能够进行信息感知、统计与计算、信息控制之外，还能独立进行信息输出，并逐渐增强学习能力。这种方式改变了之前的人、信息与物理系统之间的关系，体现出现代化智能制造的技术运行逻辑，能够进一步促进智能制造的理论探索与具体的产业应用。

智能制造的发展是一个系统化的工程，该系统在功能层面包含三个子系统，分别是智能产品系统、智能服务系统与智能生产系统，除此之外，智能制造系统的正常运转也离不开智能制造云与工业智联网的支持。

在产品方面，现代化智能制造、人工智能的应用为智能产品的发展创造了新的机遇，促进企业完成制造装备与产品的转型升级，用智能化产品与装备代替数字产品与装备。在产品生产过程中，企业依托智能生产，并发挥智能工厂、智能车间、智能生产线的作用，促进智能制造向服务型方向发展。

伴随着大数据、人工智能、物联网等先进技术在制造领域的应用，产品运营过程中的各个环节，包括市场运作、产品供应、产品营销及后期维护等都会产生深刻的变化。传统模式下，制造产业围绕产品开展运营，实施供给侧改革之后，用户将代替产品占据核心地位。

另外，在人工智能、网络信息技术、现代化通信技术、云技术应用的驱动下，智能制造云与工业智能联网能够取得跨越式的发展，进一步促进智能制造的发展，使企业革新生产方式，提高生产力。

在具体发展过程中，西方发达国家的智能制造业采用的是"串联式"发展模式，依次经历了数字化、网络化、智能化发展阶段。我国与西方发达国家的国情不同，不应该照搬西方发达国家的发展模式。考虑到我国的智能制造起步较晚，在技术发展过程中，应该实施"并联式"模式，同时在数字化、网络化及智能化制造领域展开布局，积极引进并应用新兴技术手段，通过整合优势力量集中促进国内制造业的改革。

目前，国内很多企业还处在向数字化转型的过程中，这些企业需要注重数字化建设与发展，为智能化发展做好准备。企业在实施"并联式"发展模式时，应该根据自身的具体情况，借助先进的技术手段，走融合发展的道路，既要进行数字化转型，又要开展智能化建设。

在进行技术整合与发展的过程中，企业要改革传统理念，积极进行创新，充分考虑自身发展需求，从生态层面出发进行产业改革与升级，要发挥各个部门之间的协同作用，促进内部的信息交流与共享。与此同时，企业还要提高对外开放的程度，加强与同行业内其他企业之间的合作，促进全球智能制造的发展，为新一轮工业革命的开展提供驱动力量，为整个人类社会的进步做出积极的贡献。

路径一：精益化生产

企业无论是向数字工厂还是智能制造方向发展，都要满足一定的实施条件，并选择合适的路径进行过渡，在这个过程中，企业所属行业、自身特点等都会对其转型路径的选择产生影响。国内传统制造业在向智能制造转型的过程中，通常要经历精益化生产、自动化流程、全球化布局、数字化建设、智能化升级的发展路径，但由于企业所属领域不同、自身性质不同等，其市场需求模式、管理基础、产品制造方式之间存在差异，企业最终选择的转型路径也有所侧重。

有些个性化需求存在品种多、批量小的特点，为了满足这种需求，企业推出了精益化生产模式，通过采用智能自动化技术来进行产品生产，确保按时交货。

随着发展，作为一种新型管理理念与方法，精益模式的应用从最初的生产环节逐渐延伸到了价值链各个环节中，包括研发、供应、营销等，促进了世界范围内的产业变革。采用这种管理理念的企业奉行"创造价值，消除浪费"的观念，通过改革生产工具、采用先进技术等提高生产资源的利用率，在提高产品质量的同时加快整体运转。

实践证明，如果企业能够坚持实施精益模式，最终就能实现跨越式的发展。但迄今为止，国内企业中真正实施精益模式的仅为少数，虽然有很多企业鼓吹这种方式，但在经营与发展过程中，企业往往更加看重利益，或者由于在导入环节遇到阻力，最终放弃这条道路。这类企业普遍存在资源浪费问题，经常面临库存压力，要进行重复性的货品搬运、手工作业，劳动强度大，商品质量不过关，难以按照预定时间交货。同样的行业，国内企业的平均库存周转时间远远超出美国，比如电子行业国内企业的平均库存周转时间是美国的 6 倍之多。在这种情况下，国内企业很难提高投资回报率。

企业要向智能制造转型，就要改变当前的生产模式，通过实施精益化来加快生产，提高投资回报率。精益的优势在于，企业不必进行额外投资，只要实现生产资源的优化配置与高效利用，就能够获得明显的进步。而要实现精益化发展，企业的管理层就要转变传统思维方式，坚定地实施企业改革。

企业的精益生产能力，会对个性化运营情况产生重要影响。此外，企业的标准化、模块化运作能力，也是企业实施个性化的前提与基础。在互联网及移动互联网时代下，企业能够利用先进的技术手段优化生产方式，降低实现个性化生产的难度。

目前，个性化的实现还限于一定的范围之内，尚未实现完全的个性化，换句话说，如今的个性化商品，仍然是建立在一定的条件基础上的。

不同企业的精益化水平、信息化程度、标准化及模块化发展程度是不同的，所以，企业选择的个性化模式也存在区别，企业应该根据自身的条件选择适合自己的模式。人工智能技术、3D 打印技术的应用，能够让完全个性化的实现更加容易。

路径二：个性化定制

随着社会经济的发展，市场上涌现出越来越多的商品，给消费者提供了更加多元化的选择，在这种经济环境下，人们越来越注重自身的个性化消费，与此同时，消费者在信息传播过程中掌握了更多的话语权，能够通过微博、微信等媒体平台进行信息生产与发布。

个性化并非是近几年才出现的新模式，其诞生可追溯到一百多年前由手工作坊生产出来的个性化产品。在具体运作过程中，企业不仅要保证产品质量，还要实现成本控制。

在定制化模式下，消费者可以根据自己的个人偏好下单，企业按照订单需求进行产品生产。这种方式能够减轻企业的库存压力，并达到节约运营成本的目的。

传统制造企业要实现智能化转型，必须将信息化、标准化、自动化、模块化建设相结合，形成一个可实现自行驱动与优化的智能制造体系。该体系不仅会颠覆传统制造企业现有的体系，还能创造一种新的商业模式。

对于智能化制造来说，基于互联网的信息化、模块化建设是基础。比如，长虹集团围绕用户全流程个性化体验对制造体系进行重构，提升了生产过程的灵活性，不仅缩短了新品研发、生产的周期，还通过持续推出新产品革新了用户体验。以长虹启客系列产品为例，这个系列的产品支持定制化生产。用户可以通过预约订购平台选择 CHiQ 电视的开机画面，根据需要对 CHiQ 空调的八种场景模式进行组合。

基于这一理念，长虹围绕个性化定制，在产品模块化设计的基础上，通过对生产信息化系统、自动化设备进行改造，对供应链进行优化整合，让制造业的前后端实现了高度协同，构建了一个专业化的智能制造平台。

现阶段，摆在企业面前问题是如何让制造过程实现网络化、数字化、自动化，最终实现智能化。为了做到这一点，企业可以先通过 C2B 平台推出个性化定制业务，而个性化定制生产模式则要建立在定制信息系统开发、大数据分析的基础之上。届时，传统制造企业以信息不对称、特殊渠道为基础建立起来的优势将彻底消失，个性化定制将成为不可逆转的潮流与趋势。

从 3D 打印技术支持下的小规模定制，到通过构件模块化实现的大规模定制，再到自主多样的智能化制造，我们似乎能发现制造业未来的发展方向。但问题的关键在于，传统制造业如何做好个性化体验中心建设，如何将消费者需求与企业生产连接在一起。对于传统制造企业来说，只有做到了这一点，才能真正地通过互联网化提升自己的综合竞争力。

为了找到适合自己的发展路径，传统制造企业可以立足于企业实际，顺着上述发展路线进行思考，即从标准化制造到个性化定制，从大规模生产到大规模定制，从小众定制到大众定制，从贵族定制到私人定制，真正让每一个普通消费者都能享受到定制化服务，实现产销对接，降低企业库存，打造零库存。

目前，从全球来看，无论是在理论层面，还是在实践层面，德国都在智能制造领域取得了先发优势。德国"工业4.0"的最终目标就是要实现自动化生产、个性化定制。未来，随着自动化设备、计算机、互联网、3D打印技术的全面融合，企业推出的个性化产品与服务可能越来越多，而工厂规模却有可能变小。

随着消费持续升级，消费者的需求越来越多，越来越个性，一家企业显然不可能满足所有需求，这就需要企业之间相互协作。为了实现共同发展，企业必须相互协作创建，一个系统化的应用环境，构建一个新的生态系统。

从国家层面来看，政府需要施力推动传统企业转型升级。另外，行业之间应相互协作，发挥各自的优势，形成产业集群效应，提升价值链的聚合效果，比如建立平台分享机制、大数据共享机制等。

以玩具行业为例，玩具生产企业可相互协助，共同建设一个开放式的体验平台，打破区域之间的界限，从而形成一个分布式的资源系统，降低网络系统的开发成本，为需求生产协作问题提供有效的解决方案，进而构建一个系统化的应用环境，形成大数据库，对大数据进行深度挖掘，对挖掘结果进行优化利用。

需要注意的是，与实现销售目的需要互联网碎片化思维不同，实现规模化定制生产需要的是系统化思维。这就要求企业在个性化需求的引导下构建分布式的制造车间系统，打造系统化的应用环境，构建一个新的生态系统、经济结构，从而有效地应对市场变革，实现共同发展。

随着智能化制造的不断发展，未来可能会出现很多个性化体验中心，比如服装个性化体验中心、手机个性化体验中心、家居用品个性化体验中心等。消费者只需动动手指或者动动鼠标就能买到称心如意的商品，甚至还能在 2 小时内收到商品。届时，消费者可能会进入这样一种生活状态：拥有什么无所谓，在意什么才重要。

无论如何，市场永远在发展、改变，企业必须坦然地面对这种变化，积极采取措施应对这种变化。为此，制造企业可能会采用一些技术手段，比如构建开放式的体验平台、引入 3D 打印技术等。但企业要想实现可持续发展，就必须遵循市场发展趋势建立持续创新机制，有效应对市场的各种变革。

路径三：自动化流程

在向智能制造转型的过程中，自动化是企业普遍关注的问题，在不少地区，政府与企业用"机器换人"来概括自动化发展，并在该领域进行了积极的探索。

传统模式下，企业对原材料的加工缺乏集中性，在进行改革之后，企业采用自动化生产线，将原本相互分割的工序集中起来，进行系统化的连续生产，省略掉了原材料储存、搬运等中间环节的操作，有效提高了生产效率。

有些企业通过实现自动化提高了运营效率，但也有部分企业在进行自动化改革后面临成本增加的问题。这些企业为了实现自动化运转，聘用了更多设备维护人员，在整体市场发展下行的大环境下，由于产能不足需要承担更多的能耗成本，无法覆盖投资，最终陷入发展困境。

在进行信息化与自动化改革的过程中，企业通常要投入大量成本。这要求企业谨慎对待自动化发展，明确自身进行自动化升级的目的，准确计算投资回报率，确保在五年之内能够收回成本。与此同时，企业要对自动化设备进行检验，明确自己承担的风险，提高自动化转型成功的概率。一些企业在投资建设完成后，面临设备故障频发、设备使用不熟练等问题，出现自动化操作效率不及人工操作的情况，只能重新换成人工操作，导致那些耗费了大量成本的自动化设备完全闲置不用，使自身面临巨大的经济压力。

面对不断提高的人力成本，越来越多的企业选择利用先进技术向自动化方向发展。但在具体发展过程中，不同企业的情况是不同的，企业应该根据自身的实际情况在自动化领域进行布局。要选择难度最低、投资回报最大的方式，在实现标准化、模块化的基础上进行自动化改革。

◆ 模块化

汽车与计算机的生产与制造率先进入了模块化阶段，通过在产品设计、采购与生产环节实现模块化运作，能够在降低成本的同时，对接消费者的个性化需求。实现模块化后，企业就能够推出定制化产品与服务。

模块化让产品研发、采购与制造变得更加简单，通过使用统一的连接方式与接口提高了产品的兼容性，加快了产品生产的进程，减少了成本消耗，为自动化的实现打下了基础，提高了物流的运转效率。举例来说，在模块化实现之前，不同品牌的手机使用不同的充电器，各个品牌之间无法通用，如今这种情况已经明显得到了改善。

模块化的实施需要在企业内部及整个行业中进行标准化建设，这个过程涉及上下游各个环节的企业，实现难度较大，经历的时间也比较长，这就要求企业加强与行业内其他企业之间的合作。

◆ 标准化

对于制造业而言，标准化是企业向智能制造发展过程中的必经之路。

汽车的生产制造已经达到了较高的自动化水平，相比之下，家电产品生产的复杂性更低一些，但家电生产的自动化程度较低，主要是因为家电行业缺乏统一的标准。依靠汽车行业内建立的统一平台，企业使用通用零部件进行产品制造，实现了成本节约。如今，汽车生产商是按照零部件进行整车生产，能够以批量化方式对标准化零部件进行生产，通过这种方式减少生产环节的成本消耗。

目前，国内企业对标准化缺乏足够的认识。产品生产所需的零部件、包装材料等分为多种规格，增加了企业在零部件生产及库存环节的成本消耗。另外，企业对生产过程缺乏有效的监管，在推出新产品或任用新的管理者后，会出现零部件增加的情况，未推行统一、标准化的流程。

在作业流程、作业方式上，企业也应该建立统一的标准，因为只有在实现标准化的基础上，才有可能进行自动化运作。如果产品零部件缺乏统一规格，作业方式也多种多样，企业实现自动化的难度就会大大提高，会在这个环节耗费大量成本。

路径四：全球化布局

在企业的发展过程中，供应链层面的竞争逐渐取代了单个企业之间的竞争，未来，生态系统层面的竞争将占据主导地位。正如美国连线杂志凯文·凯利在其著作《失控》中表示，世界经济的发展能够通过大企业之间的结盟体现出来，对企业而言，选择与竞争对手结盟更具优势，通过结盟，企业之间可以建立伙伴关系，形成完整的商业生态体系。

身处经济全球化的大环境中，当企业具备足够的规模基础时，就应该扩大资源调度范围，从而在实现成本控制的基础上加快自身运转。具体而言，企业可以在全球范围内进行采购资源、生产资源、市场资源与设计资源的配置。

将物资供应的调度范围扩大到全球，能够减少在采购与生产环节的成本消耗并获得更加优质的原材料，在这个环节中，企业不仅要关注采购单价，还要对运输成本、库存成本、原材料质量、供应链变化、供应地的劳工政策、汇率变化情况等进行分析。

为了在世界范围内开拓市场资源，我国提出"一带一路"倡议，积极与其他国家展开合作，比如在海外国家建设高铁项目，进行相关产能的输出。在设计资源配置方面，我国在海外国家建立研发中心，根据当地的市场需求进行产品开发，或者利用当地的优秀人才资源进行研发设计，加快整体的产品研发进程，以联想、华为为代表的知名企业都采用这种方式进行产品研发。

路径五：数字化建设

信息化的发展离不开数字化。企业在向智能制造发展的过程中，要在数字化建设方面投入足够的成本。利用先进的信息技术手段，企业能够以数字化方式实现人、设备与产品之间的互联互通。

利用人脸识别技术，企业能够捕捉并识别不同的用户。在识别技术快速发展的今天，即便用户处于动态中，企业也能够精确进行信息识别。

利用产品生命周期管理（PLM）或企业资源计划（ERP）软件，企业能够对产品运行过程中的各个环节进行数字化处理，并以数字化方式打通产品设计、物料采购、生产制造等各个环节。

利用可编程逻辑控制器（PLC）、智能传感器等，企业可以把设备运行的相关信息发送给互联网或企业的生产信息化管理系统。在这方面，通用电气公司获取并分析来自飞机引擎的数据信息，从而改进设备参数，减少燃油消耗量，谷歌则致力于开发无人驾驶汽车。

通过这种方式，能够实现人、资源、物品、信息之间的连接，使人与人、人与产品、人与设备、产品与设备、不同设备之间的信息传递与分享成为可能。

CHAPTER 5 数字化制造：构建智能制造新图景

随着数字化的发展，未来将有可能实现如下运作：消费者在移动终端提交自己的个性化需求信息，制造商接收用户订单后，将其发送给企业的产品生命周期系统（PLM），由企业据此开发产品仿真模型，然后通过企业资源计划系统获取产品与物料需求，为供应商的生产提供精准参考，之后利用物联网将物料运达工厂，启动自动化生产，使相关设备依据生产信息化管理系统执行加工操作，并利用物联网将生产出来的产品发送给消费者。

工业4.0要求传统制造业拥抱互联网，向数字化方向转型，借助先进的制造技术与信息网络技术建立智能工厂，对接消费者的个性化需求，在加速生产进程的同时，实现资源的优化配置。目前，国内很多企业正处于工业2.0、3.0时期，因此，与德国等西方发达国家相比，我国需要更长的时间才能真正进入工业4.0时代。

工业4.0、数字化是制造业未来发展的主流方向。现阶段，除了人与人之间的沟通外，人、资源、物品、信息之间尚未实现全面的互联互通，说明制造业在标准化建设、基础设施配备、法律政策支持、人才培养等方面还有很大的发展空间，但自动驾驶汽车的诞生也预示着该领域的良好发展前景。

不同行业的特征不同，企业的发展情况也不同，在进行数字化建设的过程中，行业之间会出现顺序上的差别。有些制造业在发展过程中形成了固有的生产流程，具体包括化工制造、食品制造等。这类企业建成了完整的工序体系，具备较高的自动化水平，能够以自动化方式获取部分设备的数据信息，实现数字化转型相对容易一些。

以电子电器、机械装备等为代表的制造行业，在产品生产过程中需要用到许多零部件，其制造工序缺乏集中性，在进行系统化整合过程中要克服诸多阻力，而且对企业的资金实力提出了较高的要求。这类行业应该循序渐进地向数字化方向发展。要采用精益方式实现核心工序之间的连接。

在具体实施过程中，应该先实现不同工厂之间的数字化连接，其次是不同车间之间的连接，然后是核心工序、主要物料之间的连接，最终实现各个工序、所有物料之间的数字化连接。

受到技术条件的限制，企业应该根据自身的具体情况选择进行数字化转型的方式，分析投资回报率、人才培养、信息保护等多种因素。

路径六：智能化升级

智能化分为两个层面：产品层面的智能化，制造过程的智能化。

先来分析产品层面的智能化。瑞信研究院发表的2017年度《全球财富报告》显示，自2000年起，中国的家庭财富每年增长12.5%，至2022年将达到38800万亿美元，在世界11亿中产阶级中，中国所占比例由2000年的12.6%迅速升至2017年的35%。由此可见，我国正处在消费升级时期，市场对工业品、消费品的需求量迅速提高，智能化则为相关制造行业的发展开辟了新的道路。如今，互联网与移动互联网已经在我国得到普遍应用，政府也在积极建设网络化基础设施，有力促进了硬件产品的智能化升级。

在良好环境的支持下，越来越多的产品向智能化方向发展，如智能电视、智能汽车、智能手机、智能机器人等，越来越多的企业采用先进技术，从事智能产品的开发。在这方面，格力、美的等知名企业都在智能领域展开了布局。

除了消费品之外，工业品也在积极向智能化方向发展。企业通过采用智能控制技术进行设备改造，更加快速地进行数据获取与分析，采用统一的接口，实现企业内部不同信息系统之间的连接，促进信息的高效传递与分享，利用智能软件系统进行信息处理，从而加速企业运转，提高精准性，并帮助企业达到节约能源的目的。

在向智能制造转型的过程中，企业应该根据所属行业、自身的具体情况等，寻找适合自己的发展道路，通过开展精益化、自动化、全球化与数字化建设，循序渐进地实现智能制造。在这个过程中，企业应该明确自身转型升级的目的，还要对投资回报率进行准确的分析。

当前，在全球制造领域中，中国制造已跃居榜首。即便如此，从产品质量方面来说，国内企业生产的产品在国际市场上仍然无法占据优势地位。在今后的发展过程中，中国制造应该更加侧重于提升产品质量而不是发展速度，在从精益生产走向智能制造的过程中，不断探索适合国内制造企业的管理方式、商业模式等，利用先进技术，逐步实现"中国智造"。

5.2 数字化工厂：工业 4.0 的实践之路

数字化工厂的概念内涵与优势

数字化工厂是制造企业、服务企业及周边一系列相关企业构成的动态组织，在这个组织中，所有运营信息都实现了数字化。在数字化工厂信息系统的作用下，人流、资金流、物流、信息流均得到了有效控制，组织内所有成员都可以相互协作，共享资源。数字化工厂可开展定制化服务，满足消费者对产品及服务的个性化需求。在数字化工厂的信息系统中，工作流管理系统是基础，可对工厂成员内部、成员之间的各项活动进行有效协调。

◆ **数字化工厂的概念**

数字化工厂指的是在计算机虚拟环境下，企业利用产品全生命周期的相关数据对整个产品生产过程进行评估、仿真、优化，逐渐向整个产品生命周期拓展的一种新型的生产组织方式。数字化工厂使现代数字制造技术与计算机仿真技术实现了集成应用，有望颠覆传统制造业，推动制造业转型升级，使产品设计与产品制造实现有效沟通。

在产品的整个生命周期中，数字化工厂处在产品设计、产品制造阶段，建立了信息档案数据库，收集了海量信息，包括材料、设备运行、设备管理、生产工艺等，并利用 BIM（建筑信息模型）技术为设备的使用与维护提供了有益指导，从数据层面为标准化管理、信息化管理的实现提供了有效支持。同时，在 CAD、EEP、MEP 等应用管理系统的支持下，数字化信息可在工厂控制系统内部无障碍流通，将各个生产环节连接在一起，融入企业的经营管理活动，让管理人员及时掌握所有数字化信息，这些信息包括资金、生产效率、市场信息、生产能力、采购信息、生产装置的状态、物流信息等，辅助其做出科学的决策，提升决策的及时性、准确性，让企业管理与控制实现数字化、一体化。

◆数字化工厂的主要优势

数字化工厂通过工厂布局、仿真优化、工艺规划颠覆了传统的生产理念，在制造业领域引发了一场全新的技术革命，具有诸多优势。

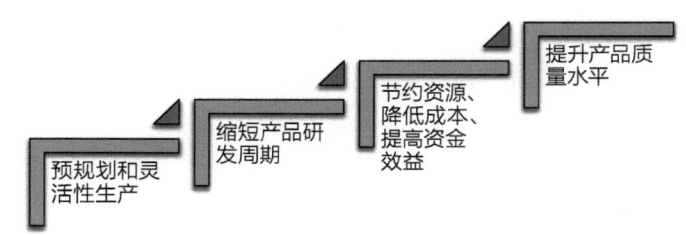

图 5-1 数字化工厂的主要优势

（1）预规划和灵活性生产

借助数字化工厂技术，企业可以提前对工厂的布局、产品的生产能力、产品的生产水平进行规划，提升产品评估、检验的效率与质量。同时，借助数字化工厂技术，在工厂设计的过程中，各部门不再独立行事，而是相互配合、相互协调、并行处理。除此之外，在数字化工厂中，整个生产过程能在最大程度上与产业链上的其他节点建立连接，让整个生产过程、物流过程、管理过程更加灵活，使生产的自动化水平得以大幅提升。

（2）缩短产品研发周期

数字化工厂构建了一个柔性化的生产过程，可在最短的时间内对市场需求变化做出响应，对新产品进行仿真设计，缩短了新产品的研发周期，让新产品可以尽快上市，以免错失良机。同时，数字化工厂还能对新产品的生产工艺、生产过程进行仿真，不仅可以让新产品生产过程更加顺利，还能切实提升产品质量，让企业占尽先发优势，获取更多利益。

（3）节约资源、降低成本、提高资金效益

利用数字化工厂对产品进行虚拟设计，无须反复更改、生产物理模型，可在最大程度上减少资源浪费，降低产品生产成本。同时，数字化工厂利用客户需求、设备状况、生产原料等数据资源进行仿真测试，可提前对生产过程进行判断，获取更多生产收益，提升资金使用效益。

（4）提升产品质量水平

在数字化工厂中，产品设计、原材料进场、生产过程等环节都能得到严格把控，产品设计、生产过程中的各种不确定性都能得以有效消除，产品数据可实现高度统一，产品质量能够得到有效控制，产品质量水平能够实现大幅提升。

数字化工厂与工业4.0

数字化工厂隶属于智能制造，是其中一个组成部分。在智能制造模式下，传统的产品制造流程被颠覆，产品设计、生产等流程都将智能化视为最终发展目标。在智能制造实现的过程中发挥关键性作用的内容包括：基于用户个性化需求的产品设计、供应商与制造商之间的信息共享、售后服务的快速响应、数字化工厂。

数字化工厂未来的发展离不开大规模定制化生产的支撑。要想实现大规模定制化生产，企业就要加强6个方面的能力建设。

（1）增强收集、分析客户需求的能力。

（2）建立社会化交互的产品研发体系。

（3）开发智能化、模块化的产品生产工艺。

（4）创建高度灵活的供应链管理体系。

（5）提高生产能力和设备维护能力，满足生产需求。

（6）打造智能化的库存与物流管理体系。

当然，数字化工厂的未来除了大规模定制生产之外，还包括能源节约。据预测，数字化工厂大约可节省12%的能源，能有效提升供应链的安全指数，以最精准、最专业的方式解决问题。数字化生产模式的应用范围非常广，除了消费品生产企业可以通过这种模式实现数字化转型之外，设备生产企业也可通过构建数字化工厂满足客户个性化、多元化的需求，提升生产效率，降低生产成本，对产能进行优化管理。

目前，我国制造企业的数字化转型刚刚开始。在发展智能制造、构建数字化工厂的过程中，国内的制造企业要充分利用工业自动化设备。数字化工厂是在重构生产流程、供应链管理流程和数据收集、分析、决策系统的基础上建立起来的。要建立数字化工厂，就要形成统一的标准，然后在生产体系中接入自动化设备。

第一，数字化工厂要具备丰富的功能并适用于多种场景，满足大规模定制化的生产需求。

第二，数字化工厂要具备强大的信息收集能力，能够采集充足的信息，包括产品信息和操作信息。

第三，数字化工厂既要满足标准化生产需求，又要满足柔性生产需求。

第四，数字化工厂涉及的自动化设备有人性化的使用界面，维系养护费用较低，使用起来比较简单，所以很容易实现普及应用。

【案例】博世中国数字化工厂实践

作为工业4.0战略最重要的发起者，德国博世在践行工业4.0战略方面有诸多优势，比如在机械设计、软件服务、机械制造等领域，博世积累了丰富的经验；博世在全球拥有250家工厂，积累了丰富的制造领域的知识，成为率先发力工业4.0的企业之一。目前，博世的主要业务是为顾客提供集传感器、软件、硬件、服务于一体的一站式解决方案。该企业在发展过程中积极响应工业4.0战略，在内部推出了100多个试点项目。

现阶段，博世在苏州的汽车电子工厂推出的工业4.0试点项目涵盖了方方面面的内容，比如物料管理、设备维护、订单安排、人员效率提升等，并取得了不错的成绩。在企业的生产区，所有原料、工位都实现了有序管理。整个生产流程以生产订单为依据实现了自动化运作，通过生产设备实现自动叫料，使用机器人进行准确定位，并自动派送物料。另外，很多设备还能根据大数据分析结果开展预知维护，在共享知识库、可视化通信系统的支持下，或可实现即时维护。

数字化工厂的实践路径

近几年，信息技术在工业领域实现了广泛而深入的应用，使工业大数据、工业物联网、数字化工厂、工业互联网平台成为备受企业追捧的智能制造方案。我国制造业门类齐全，涉及各行各业，且这些行业企业的数字化、智能化程度各异，需要不同的智能制造方案。为了能更全面、更深刻地了解数字化工厂，我们可以将制造企业的数字化过程划分为四个阶段进行分析。

◆ 自动化产线与生产装备

离散制造企业也好，流程加工企业也罢，都可通过在生产环节引入自动化装备，实现工厂装备自动化，从而实现智能制造。经过多年发展，很多自动化行业都与专门的自动化方案提供商达成了合作。近两年，智能机器人也走进很多企业。制造企业引入自动化装备，用机器生产代替人工劳

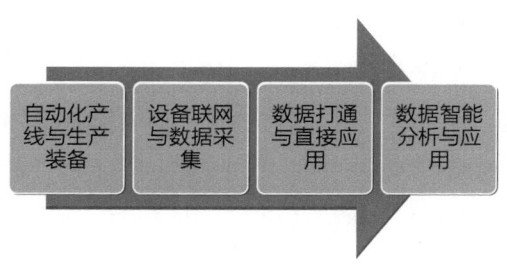

图 5-2　制造企业的数字化实践

作，使生产效率得以切实提升。对企业来说，只要其投资回收期在可接受范围内，这个自动化改造方案就能被接受。

◆ **设备联网与数据采集**

智能化生产建立在信息化的基础上，而信息化的实现则需要将厂内各种设备接入互联网，对设备信息进行全面采集。设备不同，信息采集方式也不同。

有些设备有数据接口，比如机器人、PLC 控制器、智能化仪器仪表，可以将设备数据直接传输到网管；有些设备没有数据接口，企业就要在其中安装传感器，对设备进行智能化改造，增强设备的通信能力，采用有线传输或无线传输的方式将数据传输到网关。

网关收到数据后会利用边缘计算对数据进行处理，或分析数据，汇总数据分析结果，或将数据存储起来，然后通过有线传输或无线传输将这些信息传输到公有或私有的云服务器，显示给用户知晓，或进行后续分析。

设备接入互联网需达到三个层次：

1) 互联，也就是硬件接口连接。

2) 互通，也就是软件层面的数据规范。

3) 语义互操作，也就是语句的定义与规范。

互联与互通比较容易实现，语义互操作因为没有统一的标准，所以比较难实现。不过，OPC UA 等协议有望成为规范标准。

◆ **数据打通与直接应用**

（1）新型 MES/ERP 软件

除设备采集的数据外，工厂生产管理软件中的数据也有很多。过去，这些数据处于分散状态，彼此之间相互隔离，没有形成有效联通，导致各级管理数据无法实现综合分析。当前，一些制造企业引入新型管理软件，对工厂内的数据进行整合，并以此为基础让信息实现高效传递，让生产实现高效管理与协同。新型管理软件的代表就是 MES/ERP，其功能集过去的 MES、ERP、CRM、OA 等功能于一体。很多时候，企业为工厂提供的不只是一个软件，而是一整套改造升级方案。

（2）远程运维系统

在各种设备接入互联网之后，一些企业上线了产品远程运维解决方案，通过将物联网设备植入产品，让制造厂商可远程对产品进行运维管理、监控、升级、维护等，实时获知产品使用情况，收集产品全生命周期的信息，为产品设计、售后服务提供有效指导。具体来看，制造厂商可利用物联网对产品的很多指标进行监控，比如产品分布情况、运行状态、用户活跃度等，并对行业、地区、企业的产品使用量进行统计分析，还能实现远程异常报警、授权开关机设备监测、设备故障分析等。另外，在设备接入互联网之后，制造厂商还能发展设备租赁、设备保险等业务。

（3）AR 辅助作业

AR 眼镜可在生产人员双手都得不到解放的情况下显示信息，比如在生产人员忙于操作、培训、检查设备、维修设备的过程中，为其提供设备图纸、设备运行数据、操作步骤、结构原理等信息，对其操作行为进行引导、辅助。除此之外，操作人员还能利用 AR 眼镜将现场图像传送给"千里之外"的专家，让专家进行远程指导。

◆ 数据智能分析与应用

（1）工业大数据

随着大数据技术的不断出现，我国出现了一批专门应用工业大数据的企业，应用方向包括预防性维修、智能生产优化、智慧供应链、智能营销等，其中，预防性维修、生产环节优化侧重的是生产环节的数据应用。

预防性维修面向的是设备使用环节，通过使用AI技术进行灰度建模，能够提前预测设备故障，降低停机故障的发生率，提升设备利用率，将事后维修转变为事前预防，从而降低设备故障造成的损失。

生产过程优化面向的是制造过程，指的是企业以数字化监控为基础，利用大数据、人工智能算法建模，了解不同参数变化对设备运行状态的影响，根据设备运行过程中产生的数据对设备运行参数进行调整，实现智能设备故障预警，降低设备运行过程中的能源损耗，提升良品率等。

（2）数字化双胞胎

数字化双胞胎指的是应用方针对真实的产品、设备、工厂，用数字化的方式创建虚拟模型，对其在现实情境中的行为进行模拟，创建仿真数字化模型，将整个企业在数字世界中完整地呈现出来，让企业可以在投入生产之前就在虚拟环境中进行仿真、测试，然后在生产过程中对整个流程进行同步优化。具体来看，数字化双胞胎包括产品数字化双胞胎、生产工艺流程数字化双胞胎、设备数字化双胞胎。产品研发企业在实现了工厂数字化之后，可利用数字化双胞胎迈向更高阶段的智能化。

上述四个阶段不是孤立存在的，也不是环环相扣的，彼此之间的边界比较模糊，很多应用方案可能涉及其中多个阶段。工厂数字化改造不一定先引入自动化装备。很多时候，工厂需要的数字化改造方案会跨越多个阶段，但供应商不同，其业务侧重点和覆盖范围也不同。很多供应商推出的方案都涉及多个阶段，但他们会根据自身能力与所掌握的技术将重心放在其中某一个阶段。当然，也有企业声称自己可以提供完整的工厂数字化、智能化改造方案。

数字化工厂建设面临的主要挑战

◆挑战一：缺乏整体性的战略规划

很多项目因缺乏整体的战略规划无法明确数字化的具体需求，也不清楚自己当前的数字化水平，无法对二者之间的差距做出科学判断，不知道需要强化哪些方面的能力。

国内企业的数字化工厂建设通常会从技术、设备两个层面考虑，在建设过程中鼓励内部工程师、专业人士与外部供应商达成合作，整合各类解决方案，对特定的生产环节进行跟踪，让其实现自动化。这种方法虽然有效，但无法从根本上解决"为何建设数字化工厂"的问题。

所以，为了做好数字化工厂建设，企业应自上而下，从企业战略、产品设计、运营模式等方面逐层考虑，根据自身发展需求与发展目标选择合适的路径，引入合适的技术，而不是一味地追求世界先进技术。比如，海尔的互联工厂战略既与企业大规模定制的发展方向相契合，又让企业在模块化、数字化方面积累的丰富经验有了用武之地，从而让企业以互联工厂为核心构建了一个完善的生态体系。

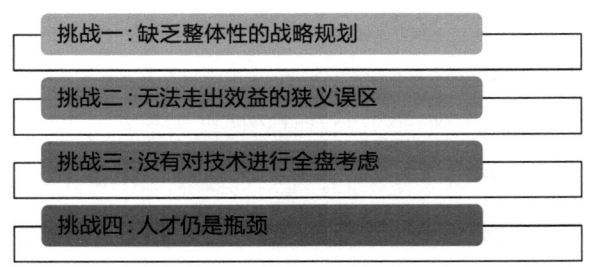

图5-3 数字化工厂建设面临的主要挑战

◆挑战二：无法走出效益的狭义误区

离散制造等行业中的企业能否实现数字化、自动化，及其数字化、自动化能发展到何种程度，主要取决于企业现有的基础设施、生产流程和生产的产品类型。这些企业要想提升数字化或自动化水平，就要积累丰富的技术。就成本效益来说，企业一旦决定建设数字化工厂就要投入巨额资金，而且需要很长一段时间才能获得投资回报。所以，如果企业只考虑投资回报，就会对是否开展数字化工厂项目犹豫不决。

当前，可持续发展深入人心，劳动力红利逐渐消失，生产安全问题引发了全社会的高度重视。在此情况下，可以实现节能减排、人机交互、远程控制的数字化工厂显然更适应社会发展需求，能产生更多社会效益。

为更全面、更准确地评估数字化工厂的效益，企业可引入一些定量指标，比如生产效率、质量控制、单人产出、生产周期、生产能耗等。除此之外，还有一些定性指标可以对企业的评估产生辅助作用，比如减少人工作业、调动员工工作的积极性等。

不同的行业和企业要选择不同的指标对数字化工厂的效益进行评价。除一些通用的指标，比如生产效率、生产周期、良品率等之外，一些纺织企业在评价数字化工厂效益时还会选用其他的指标，比如换产时间、用工人数等，机械生产企业则会另外增加物流效率、生产误操作等指标。

◆ 挑战三：没有对技术进行全盘考虑

我国制造企业的自动化、数字化开始于最近几年。不同行业企业的自动化程度不同，选择实现自动化的技术路径也大不相同。有时，即便是相同行业的企业，在这两个方面也存在极大的差异。数字化工厂建设需要对产品全生命周期的数据进行获取，但因为数据分散，难以制定统一标准。

我国很多传统企业都希望一步迈进数字化工厂时代，但实际上，工厂内的设备老旧，难以获取、阐述生产数据，导致工厂自动化、数字化进程缓慢。面对这种情况，信息管理工具安灯系统等的应用能够为企业的人工作业提供有效补充，并被有效整合进工厂自动化系统。

同时，在数字化工厂建设过程中，我国企业非常关注单体设备的自动化率，未将整个生产体系视为一个整体，且需对内部 ERP（企业资源计划）、MES（制造执行系统）、PLM（产品生命周期管理）等系统进一步整合，实现不同工厂间的互联。所以，为了做好数字化工厂建设，企业要根据自己的实际情况制定战略路线图，分阶段地推进各种技术转型，降低数字化风险，以免自己原有的业务受到不良影响。

◆挑战四：人才仍是瓶颈

传统工厂实现数字化、自动化转型之后，能够大幅减少人工重复作业，有效改善工作环境，更好地保障员工的生命安全。如果传统制造业能紧抓这一机遇改善自身形象，优化工作环境，实现转型升级，就能吸引更多高技能、高素质的综合型人才。

在数字化工厂中，传统的掌握单一技能的人才逐渐无法满足一体化生产流程的运营需求。企业急需掌握多领域的知识和技能，拥有更强的学习能力，培养能够进行数字化交付的复合型人才。

为做好人才培养，国内制造业企业可以学习国外企业的做法，将课堂教育与实际工作过程相结合开办职业教育，开展数字化工厂培训项目，实现产学合作。比如，某机床企业与当地的工科院校联手开展产教融合，实现了资源互补。在合作期间，企业为学校提供资金、实践场地；学校为企业提供数字化工厂建设需要的专业人才。

除创新教育机制外，要想培养数字化工厂建设的相关人才，还要对职业培训课程进行调整，构建标准化的课程培训体系，加大商业、工程、自然科学等领域的人才培养力度，培养掌握数据分析、IT 架构、项目管理、信息安全等多领域知识的数字化工程师。

最后，传统企业要构建数字化工厂，就要实现多部门间的配合。在这个过程中，为了对各个部门进行有效调度，决策者必须对数字化有深刻认知、独到见解，为数字化战略的制定提供有益指导，引导企业顺利完成数字化转型，做好数字化工厂建设。

数字化工厂在制造领域的应用

数字化工厂是企业在应用持续发展的信息技术的过程中所创造的一种全新的组织形式，可推动企业实现现代化。现阶段下，数字化工厂在制造领域的应用比较有限，只在汽车制造、航空航天等大型制造企业有所应用。

◆**数字化工厂技术在汽车行业的应用**

当前，国内外的汽车制造企业都引入了数字化工厂技术。在国外，通用汽车公司引入 Tecnmatix eMPower 解决方案，大幅缩短了新品研发、生产、上市的周期，并提升了产品质量。奥迪公司引入 eM – Plant 对物流进行仿真，进一步增强了整个生产物流供应链之间的联系，并能提前对物流方案的可行性进行分析、评估。

在国内，一汽大众用数字化工厂技术对车身主拼线工艺设计做了改造，优化了车身焊接工艺，使车身焊接质量有了大幅提升。另外，上海大众将数字化工厂技术引入发动机设计与产品总装领域，不仅实现了制造技术升级，还使产品质量得以大幅提升。除此之外，华晨金杯从西门子引进了 Tecnomatix 软件，使产品总装过程实现了数字化。

◆**数字化工厂技术在飞机制造业的应用**

数字化工厂技术在飞机制造业也有非常广泛的应用。比如，美国的洛克希德马丁公司将数字化工厂技术用于 F35 的研发，不仅使产品研发周期缩短了 2/3，还使产品研发成本降低了 50%，推动飞机制造业迈进数字化制造阶段。

再比如，波音 787 飞机的研制就采用了数字化工厂技术，先以虚拟样机的形式发布产品，然后再组织生产。空客 A380 飞机的组装使用了虚拟的装配方案，实现了三维虚拟装配仿真与验证。

国内的飞机制造也引入了数字化工厂技术，比如上海飞机制造引入数字化工程技术，在三维环境下对人工装配飞机的过程进行数字化模拟，使人工操作更加标准。西安航空动力控制公司使用数字化工厂软件对异型件生产线进行仿真优化，探索技术改造方案。

◆ **数字化工厂在铸造行业的探索**

宁夏共享铸钢集团推出《数字化工厂示范工程》，计划采用智能制造、虚拟制造、柔性制造、绿色制造等先进的制造理念，结合先进的铸造技术与方法，辅之以先进的信息技术，打造数字化铸造工厂。该工厂将涵盖数字化柔性造型生产线、智能化熔炼控制系统、数字化在线监测系统、智能体联合控制的铸件精整线、数字化模样生产线等，将推出行业领先的多品种、小批量、快捷铸造工艺，成为行业领先的铸造工厂。该工厂将具备数字化、柔性化、高效、绿色的特点，颠覆了传统的铸造模式，创造了一种新的数字化铸造模式。

随着计算机技术、网络技术的迅猛发展，数字化工厂技术在现代企业的应用范围越来越广，逐渐成为企业提升竞争力的关键。就目前的形势而言，未来，数字化工厂技术将向着三个方向发展：

（1）数字化工厂将引入现场总线技术，使现场可操作水平得以切实提升。

（2）数字化工厂将引入网络技术，使网络互联能力持续提升。

（3）数字化工厂将实现智能化发展，实现虚拟仿真与企业生产之间的无缝衔接，最终完成智能数字化工厂的构建。

◆ **我国制造业的数字化转型思路**

我们必须认识到：数字化不是万能的，无法解决所有问题，而且数字化也不是企业最终发展的目标。数字化只是一种运营工具，只不过其服务层级更高了而已。面向数字化转型，不同行业的企业都要明确自己的本质需求：

（1）数字化转型需要解决什么核心问题？

（2）企业究竟应该先实现自动化，再实现数字化，还是自动化、数字化同步发展？

（3）企业的核心问题是提升产能，还是满足多品种、小批量生产需求？

问题不同，所需解决思路与方式也不同。现阶段，我国的制造业需要转型，向产业链上游拓展，提升服务质量与价值。从企业的角度看，数字化转型没有固定的模式，企业要根据自己的实际情况探索合适的路径。

自改革开放以来，我国制造业迅猛发展。在很多行业，工厂的生产水平与产能都达到了世界领先水平。比如，在汽车领域，我国的汽车产量与销量都位列世界第一，汽车工厂的数字化程度、经营方式与欧美等发达国家没有太大差距。

再比如，在电子行业，北亚地区的电子产业非常发达，中国、日本、韩国等国电子产品的生产方式可奉为圭臬。在我国，某些电子产品的组织方式与产业规模都是其他国家无法企及的，这就表示，我国制造业有能力、有潜力提升自己的技术水平，而且极有可能创造出一种备受推崇的新模式，被其他国家和地区复制应用。

在制造业数字化转型升级的过程中，制造企业需要与互联网企业建立紧密的合作关系，保持密切合作。其原因在于，大部分互联网企业都没有从事制造生产的经历，缺乏这方面的经验，而网络基础平台建设与运营又是制造企业的短板，而这也正是双方可以建立合作的基础。

5.3 智能化工厂：构建精益生产系统

智能工厂建设的体系架构

随着层出不穷的新技术不断被引入制造业再度成为欧美等发达国家的关注重点，德国、美国相继推出"工业4.0"战略、"先进制造业战略"等战略规划，带动全球无数优秀的制造企业参与到智能工厂建设的队伍中来。

对于智能制造来说，智能生产是主线，而企业要想实现智能生产，就必须发挥智能工厂的载体作用。未来，国内企业要积极引进人工智能技术，主动参与到新一代智能工厂的建设中来，通过智能工厂实现自学习、自适应、自控制。

随着新一代人工智能技术与先进制造技术的不断融合，传统的工厂、生产车间、生产线将被彻底颠覆，制造业的生产效率、生产质量、竞争力将从根本上得以提升。在此之后很长一段时间内，智能制造的推进都要依赖于工厂、生产车间、生产线的智能升级。

智能制造的实现要以智能工厂为载体。在具体建设过程中，企业要想让整个生产过程实现智能化，首先要建设智能化的生产系统，让生产设施实现网络化分布，进而打造一个智能化的生产过程。智能工厂具备自主能力，能够自行完成采集、分析、判断、规划任务。在整体可视技术的支持下,智能工厂可进行推理预测,借仿真技术与多媒体扩增实境,将设计、制造过程全面展示出来。智能工厂内部系统的各部分可自行组合,让系统结构达到最优,具备协调、重组、扩充等特性和自我学习、自我维护等能力。由此可见,智能工厂让人机交互变成了现实。

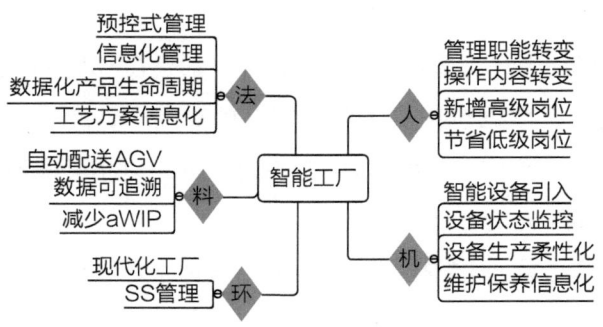

图 5-4 智能工厂体系架构

"人机料法环"是全面质量管理理论中对产品质量有所影响的五个要素的简称,其中"人"指的是生产人员,"机"指的是制造设备,"料"指的是原材料,"法"指的是生产工艺,"环"指的是生产环境。智能生产要以智能工厂为核心,将这五大要素联结在一起,从多个层面将这五大要素融合起来。

在智能工厂的结构体系中,人、机器、资源是可以相互流通的,这使得五大质量管理要素发生了一定的变化。智能产品"知晓"生产细节,甚至"明白"产品的最终用途,所以可以自行安排制造流程,确定生产时间、生产工艺、生产参数及最终传送的目的地。

企业利用 CPS 和工业互联网建造的智能工厂涵盖了五大内容,分别是物理层、信息层、大数据层、工业云层、决策层。具体而言:

物理层汇聚了不同层级的物理设备,小到嵌入设备,大到基础元器件、感知设备、制造设备,甚至是制造单元、生产线,这些设备相互之间可以交互沟通,在此基础上形成一个"可测可控、可产可管"的纵向集成环境。

信息层覆盖了企业多个业务环节，比如研发设计环节、生活制造环节、营销服务环节、物流配送环节等，使企业由此衍生出很多业务，比如众创、电商、可视化追踪、个性化定制等业务。以此为基础，企业能够建立一个可实现数据交流互换的横向集成环境。

纵向集成环境也好，横向集成环境也罢，都是在CPS和工业互联网的基础上形成的。在数据应用及工业云服务的支持下，产品、设备、生产线、生产车间、生产工厂、销售单元等系统之间可以相互联通，还能和其他环节的业务实现集成处理。

物理层、信息层、大数据层、工业云层再加上可以对企业最高决策产生支撑作用的决策层，共同构建起一个完整的价值网络体系，让用户可以享受到端到端的智能解决方案。

离散制造业和流程制造业在产品制造过程与制造工艺上存在显著差异，所以，这两类制造业在智能工厂建设过程中侧重的方面也有所区别。离散制造业在产品制造上，需要用一系列不连续的工序对多个零部件进行组装。整个过程存在很多不确定因素，生产组织难度、配套复杂性较高。为了缩短物料传输距离，企业经常根据主要的工艺流程对生产设备的位置进行优化安排。

离散型制造企业经常承接各种订单，且每笔订单的量都不大，生产流程、生产设备的组织安排都比较灵活。所以，离散型制造企业更注重生产过程的柔性化，在智能工厂建设中，将重点放在了智能制造生产线建设方面。

智能工厂建设的三种模式

因为各行业的生产流程、智能化情况各有不同，所以智能工厂的建设模式也不同。具体来看，智能工厂建设大致有以下几种模式。

CHAPTER 5　数字化制造：构建智能制造新图景

◆模式一：从生产过程数字化到智能工厂

这种模式多见于石化、钢铁、冶金、建材、纺织、造纸、医药、食品等企业中。这些企业发展智能制造的原动力在于提升产品质量，所以倾向于从生产数字化开始建设智能工厂，在控制产品质量的基础上进行改革，从产品末端逐渐转向产品生产全过程。其建设模式主要如下：

（1）实现生产过程的全面数字化，将各环节相互独立的信息系统无缝对接，打造涵盖生产制造整个过程的可视化平台，促进各部门、层级间的协同交互，提高生产灵活性、适应性。

（2）实现生产管理一体化，建立企业 CPS 系统，将物料采购、生产制造、仓储物流、营销销售等重要业务系统整合起来，加强数据等资源在组织内部的流通共享，显著提高经营效率。

（3）实现供应链协同管理，根据供应链实际发展情况，将供应商、物流服务商、技术服务商等纳入 CPS 系统，从而实现供应链运行的系统化、流程化，提高供应链的价值创造能力。

（4）建立大数据化智能工厂，实现产品全生命周期的端到端集成，通过提供定制产品与服务满足用户的个性需求。

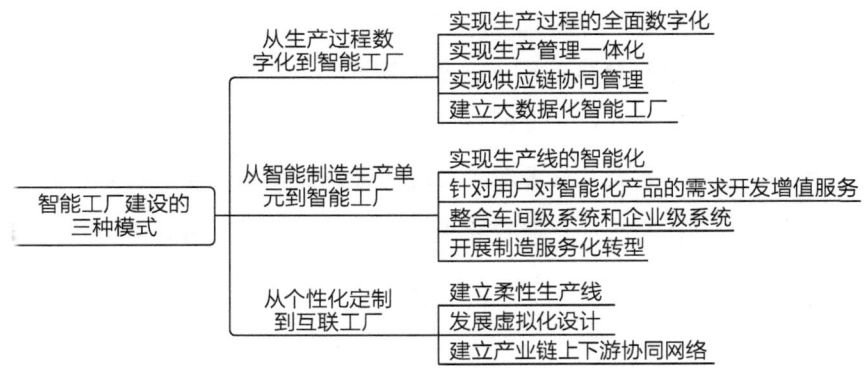

图 5-5　智能工厂建设的三种模式

◆模式二：从智能制造生产单元到智能工厂

这种模式多见于机械、汽车、航空、船舶、轻工、家用电器和电子信息等离散制造企业中。这类企业发展智能制造的原动力是拓展产品的价值空间，先实现单台设备或单个产品的智能化，再通过提升生产效率和产品效能实现增值。其建设模式为：

（1）实现生产线的智能化，引进一系列先进的智能装备，在应用CPS系统的基础上建立车间级智能生产单元，提高制造的精准性、敏捷性。

（2）针对用户对智能化产品的需求开发增值服务。比如，将CPS系统和产品智能模块相连接，为用户提供远程产品运行状态实时监测及软件更新等服务。

（3）整合车间级系统和企业级系统，使生产制造和经营管理能够无缝对接，引导产业链上下游的企业进行资源共享，通过协同创新为用户创造更多的价值。

（4）在智能工厂的加持下开展制造服务化转型，提高企业的市场竞争力和盈利能力。

广州数控设备有限公司先借助实现了"控管一体化"的工业以太网（Industrial Ethernet）将单元级传感器、数控机床、工业机器人、机械设备等，和车间级柔性生产线总控制台整合起来，然后通过以太网将总控台和管理级服务器整合起来，接着利用互联网将产业链上下游企业的管理系统整合起来，使产品全生命周期的数据实时采集、分析、应用及共享成为可能，为自身拓展基于大数据的远程设备诊断等增值服务奠定了坚实的基础。

总装车间直接决定了装备质量，其运行对人机协同交互提出了较高的要求。18号厂房作为三一重工的总装车间已经开始向智能工厂转型。由于18号厂房内同时存在港口机械、路面机械、混凝土机械等多种装备线，如果按照传统的流程化生产线模式采用直线布置，会造成占地面积过大、运行成本较高等问题。对此，三一重工在18号厂房内部为不同种类的装配线建立了相对独立的"部件工作中心岛"，各生产部件都有自己的专属区域。

在智能系统研发方面，三一重工走在了前列。目前，该企业已经开发出了车间智能监控网络和刀具管理系统，计划、物流、质量管控系统，公共制造资源定位和物流跟踪管理系统，以及生产控制中心（PCC）中央控制系统等。

在智能装置研发方面，三一重工采用了和其他企业联合开发的方式，目前已经研发出了制造执行系统（MES）、物流执行系统（LES）、高级计划排程系统（APS）、在线质量检测系统（SPC）、智能上下料机械手、生产控制中心管理决策系统、智能化立体仓库和AGV运输软硬件系统、基于DNC系统的车间设备智能监控网络、基于RFID设备及无线传感网络的物料和资源跟踪定位系统等。这确保了三一重工能够对整个生产流程进行全程追踪，进而降低次品，进一步巩固自己在工程机械领域的霸主地位。

◆模式三：从个性化定制到互联工厂

和以企业级客户为主的设备制造所不同的是，消费品制造面向的群体是广大消费者，产品单价较低，单个产品利润有限，需要扩大规模来降低成本、提高利润，同时，面对个性化的大众需求，企业需要通过开展大规模个性定制模式进行创新，在满足用户需求和追求企业盈利之间达到某种平衡。所以，消费品制造工厂采用了如下智能工厂建设模式：

（1）建立柔性生产线，通过互联网平台和用户无缝对接，获取用户的个性需求及反馈建议，根据用户画像进行个性定制生产。

（2）发展虚拟化设计，整合设计、生产、物流、服务等环节的数据，对流程进行持续优化。

（3）建立产业链上下游企业共同参与的制造协同网络，打破传统的垂直组织模式，利用开放性的综合制造平台与合作伙伴发展"远程定制＋异地设计＋当地生产"的全新制造模式。

智能工厂建设的重点环节

对于智能生产来说，将人机互动、3D打印等新技术引入整个生产过程是重点。此外，企业还要对整个生产流程进行监控，进行数据采集和分析，在此基础上打造一个灵活、高效、个性化、网络化的产业链。

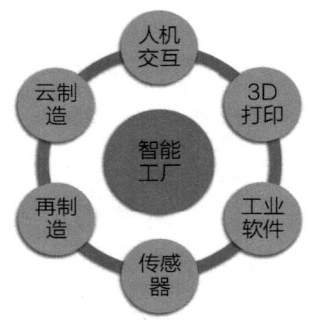

图 5-6　智能工厂建设的重点环节

◆3D 打印

3D打印技术是一种快速成型技术，具有极大的颠覆作用，被美国自然科学基金会誉为"20世纪最重要的制造技术创新"。3D打印技术可用于制造业的各个流程，帮助企业节约成本，提升效率，减少浪费。

在设计环节，因为该技术可以生产任何形状的产品，所以设计师在设计产品时无须考虑产品形状的复杂度，只需做好产品形态与功能方面的创意、创新，便可利用该技术拓展创意空间。

在生产环节，工作者可以利用该技术将产品直接从数字化模型转变为零部件，不需要再制造模具，在节省时间成本和金钱成本同时，还能缩短产品生产周期，让产品尽快上市。除此之外，在传统制造工艺下，铸造、抛光、组装等环节经常产生废料，3D打印制造则不会，基本上可以一次成型，实现零费料。

在分销环节，利用该技术能够使现有的物流分销网络被彻底颠覆。未来，企业无须从原厂采购零部件，再将零部件运回，而是可以直接在制造企业的线上数据库下载 3D 打印模型文件，然后用 3D 打印技术将需要的零部件快速打印出来。届时，零部件仓储与配送体系将失去原有的作用。

迄今为止，3D 打印技术已有 40 多年的发展历史，有些使用该技术的头部企业已经开始盈利，获得的市场认可度节节攀升，带动了行业收入的迅速增长。根据产品生命周期理论，从导入期到成长期，技术产品往往会实现加速增长。由此可以判断，当前的 3D 打印产业将进入加速发展阶段。

从整体来看，3D 打印行业的产业链可分为三个部分：上游是基础配件行业，中间是 3D 打印设备及材料生产企业、支持配套企业，下游是 3D 打印的各大应用领域。一般来说，3D 打印行业指的是 3D 打印设备、材料及服务企业。

目前，3D 打印行业的产业链业已形成，且每个环节都汇聚了一批领先企业。放眼全球，在整个产业链中，Stratasys、3D Systems 等设备企业占据了主导地位。这些企业的主要业务就是提供材料和打印服务。

◆ 人机交互

未来，各种交互方式都将实现深度融合。面对一个事件或一项指令，智能设备的应对和处理方式，包括思维、动觉，甚至是文化偏好等将与人类保持一致。由此可见，这个领域拥有很大的发展潜力。

随着各种技术的快速融合，人机交互的层次越来越高，促使各种新型的人机交互方式逐渐在生产制造领域得以应用，这种应用主要表现在两个方面，一是智能交互设备的柔性化应用，二是智能交互设备在工业领域的应用。在整个生产过程中，智能制造系统可独立分析、判断与决策，将人在制造系统中的地位凸显出来。同时，借助工业机器人、无轨 AGV 等智能设备，人可以充分发挥自身的潜力。在这个过程中，机器智能与人的智能将实现有效集成，二者相互配合，共同促进人机一体化的实现。

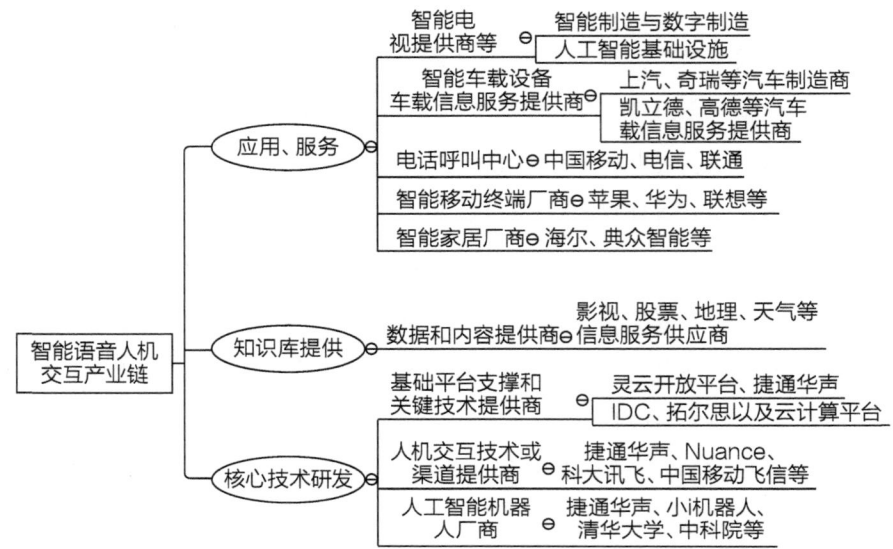

图5-7 智能语音人机交互产业链

◆传感器

从1986年至今，我国传感器行业经过30多年的发展，已基本形成完整的产业链结构，在材料、系统、器件、网络等方面的发展水平也不断提升，行业所拥有的自主产品达到了6000多种。

在传感器生产方面，我国建立了三大生产基地，分别是安徽基地、陕西基地和黑龙江基地。为了加快国内传感器产业的发展，政府提出了一系列指导方针，致力于推动我国的传感器产品实现智能化发展。

表5-1 中国传感器产业发展历程

时间阶段	总体发展情况	主要进展
1986—1990年	将传感器技术列入国家重点攻关项目	投入了机械、力敏、气敏、湿敏、生物敏为主的五大敏感元件研究
1991—1995年	传感器技术及其产业取得了长足进步	建立了敏感元器件与传感器生产基地

续表

时间阶段	总体发展情况	主要进展
1996—2000 年	传感器技术领域水平得到较大提高	传感器技术研究国家重点科技攻关项目取得了 51 个品种 86 个规格的新产品，初步建立了敏感元件与传感器产业
2001—2005 年	新型传感器列入研究开发的重点	开发新一代的高、精、尖传感器已具备条件
2006—2010 年	传感器技术水平进一步跃升	逐步缩短与世界先进传感器技术国家间的差距
2011—2019 年	传感器技术水平进一步跃升	材料、器件、系统、网络等方面水平不断完善，自主产品达 6000 种

◆ **工业软件**

智能工厂建设的很多方面都要用到工业软件。工业软件包含了两种类型，一种是基础软件，一种是应用软件，其中，系统、中间件、嵌入式属于基础范畴，与特定的工业管理流程和工艺流程没有太多关系，所以下面提到的工业软件特指应用软件，包括运营管理类应用软件、生产管理类应用软件、研发设计类应用软件等。

受"中国制造2025"的影响，我国工业企业在积极转变发展模式，加快"两化融合"。在此形势下，工业软件及信息化服务的需求将不断增长，我国则将持续作为拉动全球工业软件市场增长的主力活跃在世界舞台上。

根据中国产业信息披露的数据，2016 年全球工业软件市场的规模为 3531 亿美元，中国工业软件市场的规模为 1235 亿元，在全球市场中的占比达 35%。在国内工业软件领域中，CAD、CAE、CAM、CAPP 等产品研发类工业软件的占比达 8.3%，ERP、CRM、HRM 等信息管理类工业软件的占比达 15.5%，MES、PCS、PLC 等生产控制类工业软件的占比达 13.2%，其余的都是嵌入式软件，占比达 63%。

从分布区域看，国内工业软件应用最多的区域就是华北、华东地区，这两个地区在全国工业软件应用中的占比超过了一半。具体到各省市来看，北京、上海、广东、江苏的实力最强，这四个城市的工业软件的市场规模在全国工业软件市场规模中的占比超过了一半。

通过制造执行系统（MES）、先进生产排程（APS）、产品生命周期管理（PLM）、企业资源计划（ERP）、质量管理等工业软件的广泛应用，企业可构建一个可视化、透明化的生产现场。企业在建造工厂时可引入数字化工厂仿真软件，对工厂物流、设备与产线布局、人机工程等进行仿真，使工厂结构更加合理。

在数字化转型过程中，企业必须保证工厂数据、设备、自动化系统的安全。在产品生产过程中，如果出现产品质量问题，企业不仅要将次品与合格品分流，还要通过 SPC（统计过程控制）等软件找到产品质量问题的成因。

◆ 云制造

云制造指的是制造企业将信息技术、制造技术、互联网技术相融合，将工厂产能、生产工艺等数据汇聚到云平台，让制造商可以在云端对数据进行分析，据此对客户关系进行有效管理，从而提升企业效能的一种制造方式。

在云制造之前，制造业已经经过了三个发展阶段，分别是传统制造、智能制造和智慧制造。在云制造方面，我国已经取得了不错的成果。比如，航天科工集团开发了一个面向航天产品的集团企业云制造服务平台，对集团下属院所的制造资源和能力做了整合；中车集团开发了一个面向轨道交通装备的集团企业云制造服务平台，将轨道车辆、工程机械、机电设备、电子设备及相关部件的研发、设计、制造、修理、服务等环节进行了连接。除此之外，装备制造、箱包鞋帽等领域也出现了面向中小企业的云制造平台。

作为一个新生概念，云制造为制造业信息化注入了一种全新的理念与模式，拥有巨大的发展空间，同时也面临极大的挑战。在未来的发展过程中，云制造不仅要对云计算、高性能计算、物联网、语义 Web、嵌入式系统等技术进行集成应用，还要攻克很多技术难题，比如制造资源云端化、云制造应用协同、制造云管理引擎、云制造可视化与用户界面等。

智能工厂建设可有效推动制造企业转型升级。企业要以自身的中长期发展战略为核心，结合产品、工艺、设备、订单的特点进行合理规划，以规范化、标准化为基本原则，从最紧要的问题着手，全面推进智能工厂建设。

智能工厂的五大产业链

与固定程序操作不同的是，智能工厂中的设备可实现自我优化、自主决策。下面，我们从传感器、工业以太网、工业软件、工业机器人、智能物流五大产业链对智能工厂的构建进行分析。

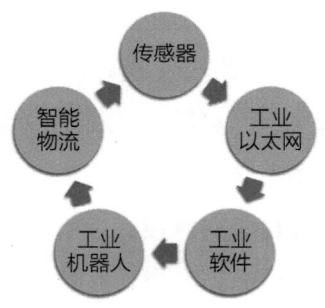

5-8 智能工厂的五大产业链

◆ **传感器**

当前，传感器行业也进入了转型期，其发展正在从传统型传感器向新型传感器转变。相较于传统传感器，新型传感器具有微型化、数字化、智能化、系统化、网络化、多功能化的特点，不仅能促进传统企业改造，还能为新型工业的建立提供支持，可被视为新的经济增长点。

从本质上来看，"工业 4.0"战略也好，"中国制造 2025"也罢，都是从传统生产模式向智能化生产演变，在这个过程中，传感器发挥着重要作用。因为智能制造是实施"工业 4.0"战略与"中国制造 2025"的核心。国家在实现网络化、数字化之前都要先实现智能化，而智能化的实现又在很大程度上依赖于传感器的应用。

传感器产业的价值已得到了全世界的肯定，该产业凭超高的技术含量、强大的渗透能力、广阔的发展前景、极好的经济效益吸引了世界各国的关注。从 2007 年至今，我国传感器行业迅猛发展，佳绩频出，行业总产值持续增长，在 GDP 中的占比达到了 0.1%～0.15%。另外，为了支持传感器行业更好地发展，政府颁发了一系列利好政策，为我国传感器行业的发展拓展了空间。

◆ **工业以太网**

作为一种高效的局域网，工业以太网自诞生之日起就被用来传输数据、控制生产设备，是现代工业自动化生产体系的重要组成部分，也是工厂信息化变革的基础。所以，智能工厂建设离不开工业以太网。

在智能工厂建设过程中，可实现相互联通、实时控制、节能、安全的工业以太网发挥着核心技术的作用。具体来看，工业以太网的建设涉及利用 M2M 协议让生产设备与互联网对接、让所有设备实现自律协调作业、通过互联网获取大数据并进行数据应用、协同业务管理系统与实际产生过程等。

智能工厂建设有四个关键点：第一，与所有网络对接从而获取数据；第二，引入智能机器；第三，在连接了设备、人之后，将所有数据传输到智能终端；第四，通过数据分析获取有价值的信息，提升设备状态的检测与预测水平。在这四个关键点实现的过程中，实时性、安全性、节能非常重要，借助工业以太网，企业实现这三点的难度并不高。

◆ **工业软件**

工业软件的产品创新要以智能工厂建设为主线。在机器层面，智能工厂要提升设备的智能化水平,改善设备性能,提升设备生产效率;在车间层面,智能工厂要加强机器之间的通信协作,让生产线可以更好地协同;在工厂层面,智能工厂要对生产线、生产车间等资源进行优化配置,让生产能力、市场需求、供应链三者之间实现动态匹配。

◆ 工业机器人

近几年,国家提出了很多新兴产业发展战略,稳步推进信息化与工业化的融合发展,使智能制造装备行业获得了广泛关注。随着人工成本持续增长,企业提升产品性能的内在需求不断增加,面临的转型压力越来越大。作为智能制造领域的代表产品,工业机器人在制造业转型过程中发挥着至关重要的作用。

作为一种高科技装备,工业机器人在国防军事、资源开发、智能制造等领域都有着广泛的应用,可推动这些产业以及工业机器人产业更好地发展。目前,工程机械等中低端市场的规模迅速扩大,石化、粮食、建材、化肥、饲料等行业的市场需求也不断增长。同时,家电、轨道交通、船舶等行业通过拓展下游应用服务,开拓传统市场,将和上述行业一同成为工业机器人最主要的应用领域。除此之外,光伏产业、动力电池制造业、食品工业、化纤、玻璃纤维、五金打磨、冶金浇铸、医药等行业都将引入工业机器人,扩大工业机器人的应用范围。

◆ 智能物流

根据《2016—2020年中国智能工厂深度调研及投资前景预测报告》,智能物流是工业4.0的核心,可从根本上降低社会仓储物流成本。在智能工厂中,智能物流仓储处于后端,实现了制造端和客户端之间的连接。

我国仓储成本在单位GDP中的占比要比美国、日本等发达国家高出2~3倍,且近年来,这一差值仍在持续扩大。在这种情况下,可降低劳动力成本、租金成本,提升管理效率的智能物流仓储就为这一问题提供了有效的解决方案。据估算,在存储能力不变的情况下,自动化仓储可使土地节约70%以上，使劳动力节约80%以上。

受多种因素的影响，很多领域都在用智能物流设备代替传统的人工劳动，以谋求转型升级，物流行业也不例外。随着需求的不断增多，智能化物流装备实现了高速发展。虽然在短期内，引入智能化物流装备会增加企业的资金负担，但从长远来看，引入智能化物流装备可在很大程度上节约人力成本，提升企业运作效率，持续不断地为企业带来收益。

未来，智能工厂的智能化程度、灵活度将不断提升，各生产环节将实现无缝衔接，给工厂的生产规划、产品开发、物流运作、企业资源规划、执行系统制造、控制技术应用、各种传感器和执行器的应用带来较大的影响。智能工厂的机器与设备将具备较强的自我优化与决策能力，呈现出与现在的固定程序操作完全不同的运行模式。

CHAPTER 6

工业机器人:
人机融合时代的来临

6.1 正在席卷全球的机器人革命

国家战略下的"机器人革命"

国家在顶层设计方面的系统规划、新一代信息技术的推广普及等,加快了我国经济转型的进程,使以制造业为代表的诸多传统产业迎来转型升级期。然而,产能过剩、海外订单持续下滑、资源与环境压力不断增长等因素,使相当多的传统制造企业陷入发展困境。新一轮工业革命浪潮席卷下,我国制造业想要打破这种不利局面,就必须积极变革与创新。

"中国制造2025"的出台不但为我国实施制造强国战略提供了第一个十年的行动纲领,更为传统制造企业转型新制造指明了方向,为其探索多元化的转型路径提供了充足的信心与动力。"中国制造2025"明确了创新对制造业发展的重要价值,将创新视作制造业发展的核心要素,引导鼓励制造企业加强自主研发能力、推进两化融合、对智能制造等新兴业态进行重点布局。"中国制造2025"的实施将为我国经济的持续稳定发展增添新动能。

传感器、大数据、云计算、人工智能等信息技术的快速发展,使机器人等智能制造产业步入黄金发展期。为了提高国际分工地位,世界各国纷纷出台了机器人战略规划。我国是制造业第一大国,要通过大力发展机器人产业助推制造业升级,发掘新的经济增长点。

事实上，机器人产业的崛起并非仅体现在机器人的研发、制造与应用上，还能通过社会经济的数字化、信息化、智能化发展体现出来。

和传统自动化设备与系统所不同的是，新一代信息技术加持下的机器人可以完成很多脑力劳动。在社会经济活动中，机器人不再只是被动的执行者，更是人类的合作伙伴。企业利用机器人实现人机协同，能够提高产品性能、服务质量，提升工作效率，实现业务流程的全面优化。

随着机器人研究与应用的持续发展，智能机器人被应用到了交通、医疗、教育、制造等诸多领域。传统模式下那些重复性、机械性，以及一些简单的脑力工作将会逐渐被智能机器人所取代。与此同时，智能机器人的应用又会催生一系列更为安全、科技含量与价值创造能力更高的新工作。比如，新锐历史学家尤瓦尔·赫拉利（Yuval Noah Harari）在其"简史三部曲"收官之作《今日简史》一书中指出："美国军方每派出一架'捕食者'（Predator）无人机或'死神'（Reaper）无人机飞越叙利亚，就需要有30人在幕后操作；至于收集完数据的后续分析则至少还需要80人。"

因此，我国在布局机器人产业过程中，不但要充分意识到机器人产业发展对制造业乃至中国经济转型带来的重大发展机遇，更要意识到它对政府、企业、从业者、配套产业建设等带来的新挑战，对"机器人革命"本身有更加深入的认识，这样才能更好地融入这场颠覆性的"机器人革命"之中，夺得未来产业竞争的主导权。具体而言，这一轮席卷全球的"机器人革命"具有如下特征：

◆ **以智能化为核心特征**

当下，机器人的智能化水平已成为判断一个国家的机器人产业发展成熟度的重要指标。具有较高智能化水平的机器人可以自主完成内外部环境信息的实时感知，结合智能算法自主决策，并发出指令或行动。未来，工厂中的智能机器人甚至可以根据订单独立完成物料运输、生产制造、仓储配送等作业。

CHAPTER 6 工业机器人：人机融合时代的来临

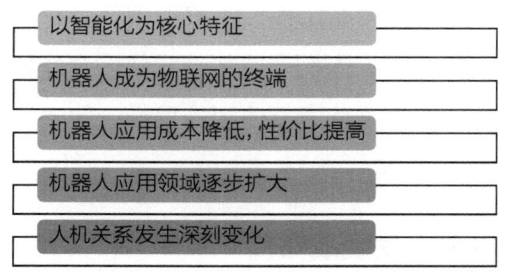

图 6-1 机器人革命的主要特征

◆ **机器人成为物联网的终端**

传感器、物联网、移动互联网等信息技术的发展，使机器人全面触网具备落地可能，这对于提高资源整合能力、加快完善生产系统，从而为用户提供优质服务，具有极为重要的价值。比如，企业可以对家庭机器人进行远程控制，提供更加人性化、个性化的服务；不同车间的多台机器人可以高效协同合作，快速、高质量地完成复杂项目。

◆ **机器人应用成本降低，性价比提高**

短途物料配送、整车装配等是较早应用机器人的领域。以往，企业在机器人应用的初期需要投入较高的成本，只有通过规模优势来进行成本控制。如今，随着机器人研究的日渐深入，其应用成本逐渐降低。除大型企业之外，中小企业也可以享受到机器人在提高效率、降低运营成本等方面的优势。可以预见的是，随着机器人应用成本的不断降低，越来越多的家庭机器人及办公室机器人会得到应用。

◆ **机器人应用领域逐步扩大**

功能越发完善、科技含量不断提升，使机器人的应用场景得到了极大的扩展。如今，机器人已经在汽车、电子、化工、食品、纺织、医疗、军事、交通等诸多领域得到了广泛应用。

◆ **人机关系发生深刻变化**

智能化水平的提升，使人机关系从此前的人控制机器人转变为人机协作。机器人的强大性能让人对其工作能力更为信任。在逐渐认识到机器人具有的强大价值创造能力后，人们开始将其视作为合作伙伴。另外，科技的发展，为人机交互提供了更为方便快捷的渠道，使人与机器人可以随时随地进行交流、合作。

世界各国的机器人发展战略

◆美国

20世纪60年代，美国便开始研究制造工业机器人，但当时美国政府考虑到应用机器人可能会导致部分工人下岗，没有对工业机器人的发展给予足够支持，导致美国丧失了机器人产业发展先机。20世纪70年代末，日本汽车制造业凭借工业机器人的大规模应用走向繁荣，使美国政府意识到了发展工业机器人的重要性，驱动其出台了相关政策来扶持机器人产业发展，这也使当时美国企业生产的具备"视力""触觉"的第二代机器人快速获得了美国市场60%的份额。

不过，美国机器人产业发展的关键痛点——"重理论、轻应用"始终未能得到有效解决，该痛点至今仍是美国机器人产业发展的重要阻碍。当然，美国政府为了改变这种局面，也做出了一系列努力，比如，奥巴马在任期间推出了《先进制造伙伴计划》，提出将投资28亿美元来研发第三代智能机器人，并将工业机器人视为振兴美国制造业的重要手段。

◆德国

德国是机器人强国之一，其工业机器人产业的发展时间虽然落后于日本，但其发展速度十分迅猛。德国作为被二战破坏最为严重的国家之一，战后面临着较为严重的劳动力短缺和工业效率低下的问题，为了解决这一问题，德国加大了在工业技术领域的投资力度。

日本工业机器人主要集中在电子、汽车等技术密集型产业，但德国并非如此，其工业机器人的应用范围更为广阔，有效推动了德国传统产业的

CHAPTER 6 工业机器人：人机融合时代的来临

转型升级。当然，广泛应用的特征也使德国工业机器人得以畅销世界各地。

在机器人产业发展的过程中，德国政府坚持技术应用和社会需求结合的原则，从顶层设计方面为机器人产业的发展提供了有效指导。20世纪70年代，德国政府出台的"改善劳动条件计划"中对机器人应用规范进行了强制规定，比如，一些有毒、有害的工作岗位必须使用机器人；1985年，德国政府出台了"向智能机器人领域进军计划"，使机器人的应用领域得到大幅度拓展；2012年，"工业4.0"战略的提出，标志着德国机器人向更高的智能化水平迈进，这对包括我国在内的多个国家发展机器人产业产生了良好的示范作用。

德国联邦教育及研究部对人机交互技术及软件开发提供资金支持，意欲进一步提高人机协同能力，减少工业生产资源浪费，推动制造业的转型升级。

◆ 韩国

韩国于20世纪80年代末开始发展机器人产业，起步较晚，但发展速度相当惊人。从20世纪90年代初开始，韩国仅用10年时间便建立了相对完善的工业机器人产业体系，此后，韩国机器人装机总量特别是汽车与电子电气领域的机器人装机量迅猛增长，2016年时，韩国工业机器人使用密度高达631个/每万人，是世界平均水平（77个/每万人）的8倍。

韩国自主研发的搬运、焊接、打磨、密封等机器人产品已经广泛投入使用，这有助于进一步巩固韩国汽车、电子等技术密集型产业在全球范围内的领先地位。不过，从技术角度上分析，在机器人产业发展方面，韩国和日本、德国等机器人强国之间尚存在一定的差距。

韩国政府对机器人产业的发展也给予了大力支持。早在2003年，韩国产业资源部就将智能工业机器人产业列为"十大未来成长动力产业"之一；2008年9月，韩国正式实施《智能机器人开发与普及促进法》，将发展机器人产业归属为一项国家级战略；2009 年 4 月，韩国发布《第一次智能机器人基本计划》，将建立培育产品开发和推广的产业架构作为发展重点；2014 年 7 月又推出了第二个智能机器人开发五年计划，致力于通过技术与其他产业如制造业和服务业的融合来加快机器人产业的发展。

机器人产业分类及市场规模

◆ 工业机器人

未来的工业机器人成本更低，功能更为多元化，可以在工业应用中更好地完成工作任务，且具备更为优良的人机交互体验。"中国制造 2025"战略规划确立了 10 个重点领域，机器人产业正是其中之一。

未来我国机器人产业发展的重点工作是，加强我国机器人产业的自主研发能力，在传感器、减速器、控制器等关键零部件方面打破海外技术垄断，建立完善的行业标准体系，逐步缩短我国和德国、日本等机器人强国之间的发展差距，推动汽车、电子、化工等工业机器人的发展，积极研发教育、医疗、家政等服务机器人。

经过几十年的发展，工业机器人在诸多生产制造领域的应用已经相对成熟，对提高产量、降低人力成本、缩短生产周期发挥了十分关键的作用。近几年，国产工业机器人进入快速发展期，具体表现为，2017 年，国产工业机器人产量同比增长 68.1%；服务于工业生产的 37 个行业大类，超过 100 个行业中类；应用场景主要是搬运、上下料、焊接、钎焊等。

IFR 发布的统计数据显示，2016 年，全球工业机器人的交易额为 132 亿美元，其中，亚洲地区贡献了 76 亿美元，居于首位；欧洲地区贡献了 26.4 亿美元，居于第二位；北美地区贡献了 17.9 亿美元，居于第三位。作为工业机器人的主要交易国，日本、中国、韩国、德国及美国在全球总交易中的占比为 75%。之所以会出现工业机器人交易集中在少数几个国家的情况，很大程度上是因为这些国家正在积极开展工业自动化转型，这极大地刺激了工业机器人的需求。《中国机器人产业发展报告2018》中指出，2017年，中国工业机器人的销量为14.6万台，使用密度达88台/万人。

◆ **服务机器人**

深度学习、自然语言处理等技术的发展，使人工智能应用具备了更为广阔的发展空间，为服务机器人的研究与应用奠定了坚实基础。IFR数据显示，2016年全球服务机器人的市场规模为72.8亿美元，预计2017—2020年全球服务机器人市场的总规模约461亿美元。

艾媒咨询发布的《2018全球服务机器人市场专题研究报告》指出，预计2018—2020年期间，家用机器人的全球销量将达到3240万台，娱乐/休闲机器人的全球销量将达到1050万台，专业服务机器人销售量会增加到210万台。2020年，中国服务机器人年销售额将超过300亿元。

和日本、德国相比，直到2005年时，我国的服务机器人市场才初具规模。较短的发展时间使我国服务机器人产业在市场规模、技术积累、标准建设、体系保障等方面处于明显劣势。不过，服务机器人产业在机器人强国也尚处于探索阶段。和工业机器人相比，我国服务机器人和发达国家之间的差距相对较小，更容易实现弯道超车。家庭化、智能化是服务机器人产业的重要发展趋势，为了促进服务机器人产业的持续稳定发展，未来我国需要为之投入更多的优质资源。

我国在《国家中长期科学和技术发展规划纲要（2006—2020年）》中首次将服务机器人列为先进制造技术中的前沿技术。2016年3月，我国发布的《"十三五"规划纲要》指出，要大力发展工业机器人、服务机器人、手术机器人和军事机器人，推动人工智能技术的商业化应用。同年3月，我国又出台了《机器人产业发展规划（2016—2020年）》，计划到2020年时，培育超过3家具备国际竞争力的龙头企业，并打造5个以上机器人配套产业集群，使服务机器人的年销售额达300亿元，实现服务机器人在医疗康复、助老助残等领域的小批量生产及应用。

和已经相对标准化、模块化的工业机器人相比，服务机器人需要迎合不同区域、用户群体的个性需求，这就使中国企业在本土市场中具有一定的先天优势。目前，很多国产机器人企业正在积极开发受众广泛、价格较低的家用机器人产品，比如，扫地机器人、智能玩具机器人、娱乐机器人、保安机器人等。

◆特种机器人

近几年，得益于科技的快速发展，特种机器人的性能有了长足进步，使其受到了政府、媒体、企业、资本方等各界广泛关注。中商产业研究院发布的数据显示，2017年全球特种机器人的销售额为58.8亿美元，2018年全球特种机器人的销售额将达到66.2亿美元；2017年中国特种机器人销售额为7.8亿美元，2018年将达到9.1亿美元。

美国、日本、欧盟对特种机器人产业的发展给予了高度重视。美国150多名专家共同制定了《2016美国机器人发展路线图——从互联网到机器人》，表示未来15年要重点发展特种机器人产业。日本政府推出了《机器人新战略》，将特种机器人作为机器人产业发展的三大重要方向之一。欧盟则启动了"全球最大民用机器人研发项目"，计划投入28亿欧元支持机器人产业的发展，将特种机器人作为重点扶持项目之一。

基于传感技术、信息处理与识别技术、仿生与生物模型技术等打造的"感知—决策—行为—反馈"的闭环工作流程，可以让特种机器人代替人类完成特定工作。得益于仿生新材料研发不断深入，以及刚柔耦合结构的应用，特种机器人具备了更强的适应能力，可以在高温、高压、严寒等特殊环境中完成工作任务。特种机器人的主流应用领域包括挖掘、勘探、防爆、安防、管道检测、空间探索、深海作业、救灾救援等。比如，波士顿动力公司推出的Handle两轮机器人，可以在高速滑行过程中跳跃，跳跃高度可达4英尺（约1.2米）。

机器人产业发展趋势和应用场景

随着外部生产要素的不断改变，近10年来，国内也好，国外也罢，都实现了工业机器人的迅猛发展，且发展速度令人震惊。从全球角度看，近年来国际工业机器人市场的年增长率达保持在15%~20%；在国内，2017年，我国工业机器人市场的增长率在50%以上。

具体到产品和技术方面，从20世纪70年代发展至今，工业机器人的结构与技术并未发生太大变化，工业机器人产品主要被用于从事一些具有一定危险性或者简单粗糙的工作。在现阶段，工业机器人的应用集中于汽车、电子、食品饮料等产品的规模化生产中。因为汽车生产领域的规模效应非常明显，所以工业机器人在该领域的应用最为广泛。但近两年来，因为国内电子产品的需求日渐增多，所以电子行业成为机器人应用得最多的行业。除此之外，食品饮料、金属制品、塑料制品等行业也纷纷引入了工业机器人。

在应用方面，未来，对人力需求高、产业发展快的物流与零售行业将大规模地引入工业机器人。具体来说，企业在产品分拣、上货、补货、货架管理环节都可以引入机器人，由机器人代替人工劳作。对新兴物流和零售行业的渗透，表示机器人的应用领域从工业转向了服务业。

受人口老龄化、人工成本持续增加的影响，在欧洲，原本只有大型工厂引入了机器人，当前，中小型工厂、小作坊也在陆续引入机器人。中小型生产工厂生产的产品种类多，但单批次产量小，生产线切换频率高，若使用传统的工业机器人会造成切换时间的大量浪费。为了满足多品类、小批次的生产需求，中小型生产工厂需要灵活度高、易用性好的机器人。

如果用计算机的发展历程映射工业机器人的发展过程，现阶段下，工业机器人就处在"巨型机"阶段，其应用尚未进入"个人电脑"时代。对计算机的发展历程进行回顾分析可以发现，计算机从笨重的实验室器械到实现普及应用的工具主要受三个关键因素的影响，一是体积减小，二是价格下降，三是具备了操作方便且友好的图形界面。

以此为参考来分析工业机器人领域的发展，可以得出以下结论：工业机器人能否实现从工业领域向其他领域的渗透也取决于三大要素，分别是成本、易用性和人机协作的安全性，其中人机交互是最重要的因素。此前，企业在工业机器人应用方面存在的主要问题包括：人与机器如何在各种应用场景中实现有效交互？机器如何更好地协助人完成工作？引入人工智能之后，这些问题都能得到有效解决。要想保证人机交互的可靠性、安全性，就要不断改进相关技术。

因为工程化的设计、安装和调试需要提前输入指令，让机器人按照指令操作，可保证当前投入使用的机器人基本能做到按指令行事不出差错。未来，机器人可能会像学徒工一样，与人自然、高效地交互，在人的指导下慢慢成长，熟练操作，成为"熟练工"。

人工智能在制造业领域的应用范围极广。工厂引入机器人之后，可根据这些机器人的历史数据对其可能出现的问题进行预测，对设备可能出现的故障进行预防性诊断。系统还可利用机器学习算法，通过对历史数据的分析、判断，对设备进行预防性维护。

从 2007 年开始，ABB 就将机器人与服务器相连，对设备运行数据进行共享。经过十几年的积累，ABB 掌握了全球各类工厂的设备运行数据，未来将利用机器学习算法，通过数据分析为用户提供预防性诊断、预防性维护服务。

除了这两大功能以外，人工智能还能解决很多生产方面的瓶颈问题，比如建设汽车车身焊接工艺生产线。最重要的是，未来，人工智能将在人机交互领域表现出超强的能力。目前，人机交互是在生产设备的基础上形成的，处在比较传统的阶段，需要人输入指令进行交互。未来，随着人工智能技术在该领域深入应用，人机交互的实现将变得更加自然。

未来，在工厂中，人工智能、机器人、物联网将实现联合操作，由此形成的智能工厂将成为最理想的工厂。

在这个智能工厂中，生产线安装了传感器，可对各个生产环节的产品数据、设备数据进行采集；机器人能够协同完成各种复杂工作；生产加工站可根据制造流程对前面的工序进行调整，进行自主工作或协同工作；工厂为安装了摄像头用于采集视觉数据，若通过数据分析发现产品规格不符，就会自动开启校正流程；工厂以制造网络的测试数据为依据对产品质量进行有效控制；系统可利用软件管理传感器与用户数据进行自主学习，开展自主决策。

除此之外，智能制造能从根本上改变整个生产流程，通过设备传感器对预测性维护信息进行收集，对库存信息、产能信息进行持续改进，使整个物流过程得以优化，进而保证产品质量，提升产能，让工厂的运作更加灵活，从而满足中小生产工厂多品种、小批量的生产需求。

6.2　掀起新一轮的工业革命浪潮

工业机器人崛起的驱动因素

凭借安全、高效、低成本等优势，机器人在多个国家得到了广泛应用。比如，日本发那科公司（FANUC）在忍野村的一家工厂中每班仅有 4 名工人，这些工人不参与生产，仅负责监工，由工业机器人承担全部的生产工作；飞利浦在荷兰某地的电动剃须刀工厂中，仅有 9 名工人，工业机器人的数量却达到了近 130 个；佳能早在 2013 年便通过在各个工厂引入机器人来降低人力成本等，类似情况普遍存在于全球多个国家的制造企业。

"熄灯生产线"（完全自动化生产线）正在成为一种主流趋势，推动整个制造过程实现完全自动化运营。目前，富士康已经打造了 10 条熄灯生产线，配备了 4 万多台自主研发与生产的 Foxbot 工业机器人。

自动化技术与机器人的应用将使人类从枯燥乏味、高强度、高风险的作业中解放出来，使产品生产流程数字化，让企业利用智能控制中心的实时监测功能，快速高效低成本地完成生产任务。

◆机器人成本下降

随着机器人研究与应用的持续深入，机器人成本不断下降。ARK 投资管理公司表示，工业机器人成本的下降将遵循赖特定律（Wright's Law，即每一个产量的累计成倍增长，成本将下降一个一致的百分比），预计到

CHAPTER 6 工业机器人：人机融合时代的来临

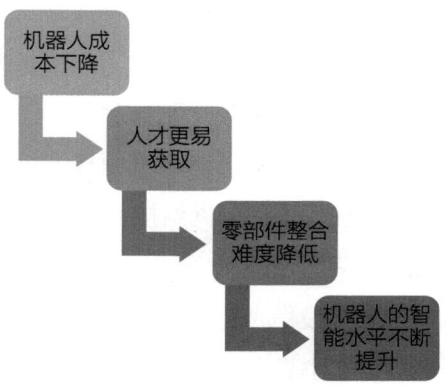

图 6-2 工业机器人崛起的驱动因素

2025 年，工业机器人的年销售量将以 19% 的复合增长率实现快速增长，与十年前相比，工业机器人的成本降幅将达到 15%，平均每台工业机器人的价格将从 3.1 万美元降低至 1.1 万美元。

◆ **人才更易获取**

近年来，得益于对机器人产业的高度重视，世界各国逐渐培养了一批优秀的机器人人才。高校等机器人人才培养机构的课程设置涵盖了机器人研发设计、加工制造、安装调试、系统开发、运行维护等诸多环节。

此前，机器人人才尤其是具备实操经验的工程师相当稀缺，雇佣成本极高。如今，机器人的市场规模不断扩大，机器人人才供不应求，人才培养已经步入了正轨。2018 年 1 月，教育部召开新闻发布会，公布了普通高中课程方案，正式将机器人、编程、大数据处理纳入新课标，这将为我国机器人人才的培养奠定坚实的基础。此外，软件研发的进一步发展，降低了机器人人才的知识与技能门槛，比如，使用模拟程序包和可测试机器人应用的离线编程系统，可以显著降低机器人程序编制任务难度与复杂性。

◆ **零部件整合难度降低**

云计算、IT 技术、软件开发技术等技术的发展，提高了机器人组装与维护的效率，并使相关成本进一步降低。以作为机器人重要零部件的传感器和制动器为例，二者可以和控制系统实时连接交互，有效降低机器人设置的时间成本，同时能够实时进行自我监测，并将监测数据上传至控制系统，为过程控制、设备维护带来诸多便利。此前，传感器和制动器需要使用独立接线，通过连机器、接线盒、终端机框接入机器人控制器中，如今只要应用即插即用技术，使用通用的网络接线来接入机器人控制器即可。

◆ **机器人的智能水平不断提升**

初级机器人只能按照预设程序完成简单的机械性重复劳动，而人工智能技术赋予了机器人模拟人类思考与决策的能力。具备新能力的机器人结合自动控制、传感器等技术与相关设备的应用，可取代工人完成复杂任务。

比如，企业可通过智能机器人完成修边、研磨、抛光、焊接等操作，在操作过程中应用光谱分析技术同步检测工件的质量，发现问题后自动采取有效措施进行处理，在降低次品率的同时，也进一步缩短了客户交付周期。

实现智能制造的重要基石

长期来看，机器人将会成为人类日常生活中的基础设施，给人们的生产生活带来诸多便利。在巨大市场前景的刺激下，越来越多的创业者、企业及投资机构会进入机器人领域，推动机器人产业发展水平的进一步提高，最终实现产业发展的良性循环。毋庸置疑的是，未来，更为智能化、人性化的机器人将会在技术与经济层面扮演更多的新角色。

◆ **低量生产**

机器人编程难度与复杂性的逐渐降低，以及生产线的柔性化，将大幅度降低机器人的生产成本，显著提升生产效率。机器人供应商在生产机器人产品时，可以减少同一型号机器人产品的产量，以便满足不同用户在差异化应用场景中的个性需求。这种生产方式能够为广大中小机器人企业提

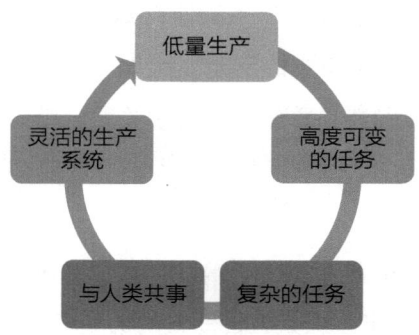

图 6-3 未来机器人所扮演的角色

供更广阔的生存空间，提高机器人市场的活力。

低量生产模式的采用，有利于机器人供应商以低成本方式开展产品创新活动，从而打造出功能多元、用户群体广泛的机器人产品组合，实现"科技让生活更美好"的目标，不但让大型企业可以使用机器人提高经营管理水平，还能让中小企业及普通大众也享受到机器人产品带来的诸多便利，造福亿万民众。

◆ 高度可变的任务

智能化水平的不断提升，将使机器人能够完成多变的高难度任务。不同情况下的灵活应变能力，是人具备的一大显著优势，随着技术水平的提高，智能机器人也将具备这种能力。比如，在农产品采摘、包装、加工等工序中，大部分农产品难以实现标准化，导致这些工序效率低下，对人力有较高的依赖性，而应用智能机器人可以有效解决这一问题。日本进行的一项实验表明，通过立体影像系统对草莓等水果进行位置识别与成熟度评估，能够比人工采摘草莓降低40%的时间成本。

同时，智能机器人的应用也促使各行业提升发展质量，通过对生产线流程的实时监测，在产品生产期间有效解决各种质量问题，比如结合零部件特性（尺寸、材质等）调整装配力度，装备不同尺寸的零部件来满足特定用户的个性需求等。

此外，机器人工作过程中产生的所有数据都能够被实时收集并分析，为产品的优化完善提供强有力的支持。比如，企业通过数据分析后发现零部件装配的扭矩区间和产品质量存在直接关联，就可以找到正常产品装配时的扭矩区间，从而在后续产品生产过程中合理控制扭矩，降低次品率。

◆ 复杂的任务

现阶段下，普通机器人的移动精准度可以精准至 0.1 毫米，重复精准度可以精准至 0.02 毫米。未来，机器人的精准度将会进一步提升，达到微米甚至纳米级别，这种情况下，机器人就可以去处理那些更为复杂的任务，比如对高精密度的电子设备进行装配。机器人控制系统的逐步完善，能够让机器人具备更高的协同性。目前，很多自动生产线的控制器已经可以同时控制数十个轴线，让多台不同功能的机器人协同完成某项任务。

大数据、云计算技术在机器人领域的应用，也将进一步提升机器人处理复杂任务的能力。比如，考虑到产品的高价值因素，企业主要采用人工方式来加工宝石，但即便如此，也经常出现因为技师操作失误导致宝石价值降低的情况。

未来，具备强大数据处理与计算能力的智能机器人，将能够更为精准化、高效率地完成这类工作。此外，智能机器人还能完成一些传统人工无法处理的任务，比如，纳米级智能机器人可在电路板上自动"绘制"电子电路，根据用途对涂料厚度、成分及路径等进行优化调整。

◆ 与人类共事

具有强大性能的机器人，使企业可以将更多的环节实现完全自动化。在物联网等技术的支持下，机器人将能够和员工进行实时交互，成为员工的工作伙伴，帮助其提高工作效率与质量，规避潜在风险。比如，当企业通过数据监测，发现设备可能和员工发生碰撞时，可以运用机器人来调整设备行驶路径或及时减速，并向员工发出警报来规避风险。

物流仓储中心应用智能机器人后，可以让打包、入库、分拣、装卸等环节实现自动化运作。未来的货车也将实现完全自动驾驶。这将有效解决人力成本过高、管理混乱等多种问题，彻底改变整个物流行业。

◆ **灵活的生产系统**

越发灵活、智能的自动化系统，能够让企业优化产能，降低生产成本。比如，负责饮料填充与包装线的专家系统，可以对生产线的运行速度进行调整，从而满足特定生产批次对某个或多个环节的个性化要求。

此前，很多生产线处于高速运转状态，使机器人的应用面临许多挑战。而如今通过搭配先进的控制系统，企业可以将机器人应用到各类生产线中并实现设备参数的自动调整。比如，将智能机器人应用到 3D 打印和计算机数控切割领域后，企业不必再对工具进行调整就能生产出不同结构的零部件；制造企业通过让智能机器人扫描零部件的 RFID（无线射频识别）标签获取相关数据，据此调整加工方案，实现零部件的柔性加工。

自动导引车系统（AGVS）的应用可以让不同工厂的不同工作站对零部件与产品进行高效配置，让企业以全自动方式完成复杂多元的制造工序，降低投产准备周期，精准对接需求与供给，提高新品研发效率，简化定制产品生产流程。

基于工业机器人的自动化系统

面对机器人崛起带来的重大机遇，制造企业应该如何制定适合自身的自动化战略？从诸多实践案例来看，多数国内制造企业将焦点局限在先进的技术与设备本身上，缺乏整体性、系统性的思考，引发了自动化转型成本较高、难以实现盈利等诸多问题。

企业要想制定成熟而完善的自动化战略，就必须综合考虑多种因素，比如，明确自身要对哪些环节进行自动化，应用何种自动化技术，采用怎样的自动化实现路径等，同时，在制定自动战略过程中必须坚持以下原则：

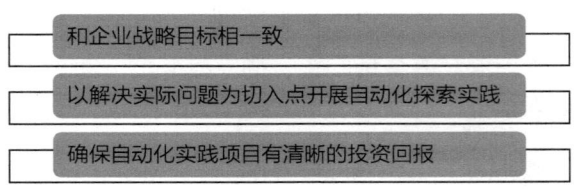

图 6-4 企业制定自动战略的主要原则

（1）和企业战略目标相一致。整体来看，自动化给制造企业创造的价值主要体现在控制成本、提高质量、提高作业安全性、增强企业弹性等方面。虽然从利益最大化的角度上看，企业追求更多价值无可厚非，但由于实际发展情况、面临的竞争环境等存在明显差异，不同企业适合的自动化策略也不同。

要想充分发掘自动化的潜在价值，企业在初期就要投入大量资源，这种方式并不适合广大中小制造企业。对中小企业而言，更为可行的方案是结合企业的战略目标，有重点、有方向地布局。

（2）以解决实际问题为切入点开展自动化探索实践。这有助于避免制造企业盲目投资建设，同时，在实践过程中进一步提高企业对问题根源的认识，促使其找到更为科学合理的解决方案，提高自身的经营管理水平。

（3）确保自动化实践项目有清晰的投资回报。虽然企业在发展过程中不应局限于短期利益的获取，但企业的长期稳定发展依赖源源不断的资金支持，通过不断融资维持生存绝非长久之计，更为关键的是，企业应该具备较强的盈利能力。所以，确保自动化实践项目有清晰的投资回报对企业来说是很有必要的。

在宏观经济不景气背景下，缩短产品设计生产到客户交付周期、提高投入产出比，是制造企业要解决的重要问题。因为难以低成本、高效率地进行个性产品生产，仅能满足单条产品生产线需求的自动化系统变得不再适用，更为合理的选择是打造柔性化、智能化的自动化系统、数字车间及智慧工厂。

平台化、模块化战略能够让企业对复杂产品组合进行高效、低成本地管理，在提高企业运转灵活性的同时，又能使其获得规模化的效益。比如，机器人手臂就可以作为一种小型平台，企业可以应用该平台的电源、传感器、电子控制装置等基础部分，也可以通过集成个性化模块，为更多工作场景提供服务。

要想充分发挥自动化系统的价值，就要将其和制造企业内部的其他系统无缝对接。事实上，传统制造企业将其与工厂车间中的机器进行对接来协同完成各项任务的方式，就属于一种平台化思维。如今，在移动互联网、物联网等现代科技的支持下，企业资源整合变得更为方便快捷，平台的价值创造能力也得到显著提升。

比如，将自动化系统和计算机集成工程、计算辅助设计、ERP（企业资源计划）系统整合后的综合平台，可以缩短制造企业的产品设计与物料准备周期，实现动态需求的实时响应，同时全面记录制造过程与制造绩效的数据，为企业产品质量监测、设计方案优化等带来诸多便利。

更为关键的是，除了进行组织内部各种资源的整合外，制造企业还可以和供应商、客户等进行实时交互，建立长期稳定的合作关系。比如，和工艺设备制造商进行对接，充分发挥其专业知识、知识产权积累等方面的优势，共同打造面向特定客户群体的高端产品及增值服务，从而创造新的利润增长点。当然，在以平台化思维整合内部与外部资源的过程中，制造企业还需要在组织架构、管理流程、思维模式等方面做出有效调整。

工业机器人的分类与应用场景

工业机器人已经成为很多工业生产活动中的一项重要组成部分，与物联网、传感器、自动控制、人工智能等技术相结合的工业机器人，更是能够通过协同合作方式完成很多复杂任务。现阶段，主流的工业机器人包括以下几类。

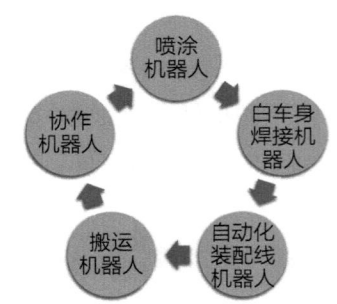

图 6–5 工业机器人的分类与应用场景

◆喷涂机器人

喷涂机器人是一种典型的特殊工业机器人，其特征与优势如下：

（1）位置控制精准，涂膜厚度更为均匀。

（2）易于操作及维护，技术人员可以离线编程，从而大幅度降低现场调试时间。

（3）有极高的设备利用率，有助于企业的成本控制。

（4）更为柔性化，有着广泛的应用场景。

目前主要采用建模分析与轨迹优化方法进行喷涂机器人的开发。经过三十多年的研究发展，国外喷涂机器人的技术已经相对成熟。虽然国内喷涂机器人起步较晚，但发展速度颇为迅猛，天津大学、上海交通大学、南京理工大学、哈尔滨工业大学等多家高校已经自主研发出了喷涂机器人，但尚未实现批量生产，现阶段的研究方向主要是喷涂机器人构型、动力分析，以及轨迹优化和运动仿真等。

◆白车身焊接机器人

作为汽车制造的一项关键环节，白车身焊接直接影响整车质量。然而现行白车身焊接流程需要经过约 70 道工序，4000 多个焊接点，对人工操作有较高的依赖性，而且效率较低。推进白车身焊接自动化是解决这一问题的有效途径。在这方面，机器人厂商（如德国库卡公司，美的持有其

32.55%的股份)、汽车厂商（如奔驰、大众等）均已经研发出了自动化白车身焊接工艺生产线，其中，工业机器人组成的生产线占比达95%以上。

◆ **自动化装配线机器人**

在自动化装配线中，绝大部分的生产作业都是由工业机器人而非人工完成。从机械手臂的运动特性来看，自动化装配线机器人可以被分为平面多关节装配机器人、坐标装配机器人、并联装配机器人等多种类型。其中，平面多关节装配机器人有着极高的精密度，其速度与柔性化程度也较高，在工业生产活动中被广泛应用；直角坐标装配机器人操作简单，可以高效完成零件移送等简单任务。

此外，双臂装配机器人也是自动化装配线机器人领域的一大热门研究方向。和单臂装配机器人相比，该类机器人可以完成那些更为复杂的装配作业。国际上对该类机器人的研究重点是运动轨迹优化及实现双臂的协调控制。在这方面，日本安川MOTOMAN系列机器人产品已经正式投入使用。当然，由于该类机器人的主要应用场景是工业生产中的复杂工序，普及程度相对较低，应用领域主要是高精细尖端产业。

◆ **搬运机器人**

通过提高物流线运行效率来降低工人劳动强度及生产成本，并提高生产效率的方式尤其受到制造企业的青睐。为此，企业需要使用大量搬运机器人。目前，企业使用的搬运机器人以串联机器人为主，包括六轴搬运机器人和四轴搬运机器人两大类：

（1）六轴搬运机器人，该类机器人运动轨迹灵活，承重能力强，主要被用来完成搬运重型夹具、推动车身转动等重物搬运。

（2）四轴搬运机器人，该类机器人的运动轨迹简单（以直线运动为主），优势是速度快，比较适用于高速包装等场景。

◆ **协作机器人**

无论是国内，还是国外，都会发生工业机器人在运行过程中伤害工人的问题，所以，协作机器人在材质、设计等方面要充分考虑工人的安全。比如，机器人的体积要小、功率要低，内部应采用内骨骼设计，外部应使用软性材料，从而在最大程度上降低运行意外事故对工人的伤害。

　　工业机器人是一个具有广阔发展前景的朝阳产业，它不但能帮助工人更为高效地完成工业生产任务，还能取代工人从事那些劳动强度大、危险程度高的工作，能够创造巨大的经济效益与社会效益。在政府、高校、机器人开发商、制造企业、广大创业者等多方共同努力下，我国工业机器人产业将会越发成熟，成为推动国民经济持续稳定增长、提高我国国际竞争力的一个重要推动力量。

后 记

近年来，"数字化制造""智能制造""绿色制造""服务型制造"等有关制造业转型升级的话题，成为社会各界关注的焦点，产业链各环节的企业都想借此机遇，发展壮大自身企业。本质上，制造业的转型升级追求效率的提高、成本的控制、资源的配置优化，增强企业在研发、生产、管理、服务等诸多方面的能力，而数字化、智能、绿色、服务化等可以看作为达成这些目标的工具与方法论。

80后、90后成为新一代消费主体背景下，消费者逐渐对价格"脱敏" 购物消费不但注重商品品质，更追求商品蕴含的文化、带来的新奇体验和自我个性的彰显。为迎合这种趋势，越来越多的企业开始实施产业链一体化发展、供应链协同创新、用户全生命周期管理，整合上下游合作伙伴的优质资源，从技术、人才、机制、生态等多个维度进行广泛布局，满足消费者泛在多元化的美好生活需要。

在和很多公司的高管交流过程中，我发现大部分中小企业对制造业转型存在明显误区：在他们看来，制造业转型是引进先进的设备、生产线、尖端人才等，打造数字车间、无人工厂等高端制造产业。这对于资金实力较弱的中小制造企业来说，显然是不现实的。

事实上，我认为先进设备、顶尖人才等固然是推动制造业转型的重要推力，但制造业的转型绝不仅限于此，管理模式和商业模式优化、组织架构调整、产品与服务的微创新等，同样可以为制造业转型提供强力支持。中小企业也能在制造业转型中找到行之有效的切入点，推动自身发展壮大的同时，为我国的制造强国之路贡献力量。

就整个商业领域而言，"蚂蚁吃大象"事件已是屡见不鲜，对此很多企业不禁要问，"蚂蚁"为何拥有如此强大的力量？在激烈的市场竞争中，弱小企业之所以能够超越强大的集团，既不是因为对空白市场的挖掘，亦不是扩大生产规模后带来的边际效益增加，而取决于企业对产品功能与品质精密性的不断提升。正是企业对微创新的专注，以及精益求精的理念，才使消费者的细微需求得到满足，从而获得竞争的胜利。

周鸿祎认为，互联网产品微创新存在两点规律，一则是贴近用户需求心理，肯从小处入手；二则是快速出击，不断试错。只有遵循以上两点规律，找寻典型的用户群，并为他们提供优质的用户体验，自然会提升产品的感知力，赢得用户的认可。

身处客户至上的消费环境中，制造企业应时刻秉持"以客户为中心"的服务理念，深入了解消费者实际需求，站到用户的立场感知产品与服务，以此为突破点进行细微创新，只有如此，才能促使客户感知性得以提升。

在制造业转型升级浪潮中，中小企业固然在资金、技术、人才等方面相对劣势，但他们对于推动行业创新、激发市场活力具有非常重要的作用。德国制造业发展的经验表明，中小企业的蓬勃发展，是提高一个国家制造业发展水平的关键所在。公开数据显示，中小企业（约370万家）在德国企业总数中占据的比例高达99%，为德国经济贡献了54%的增加值，拉动了62%的就业，可以说，中小企业是德国工业和服务业的中坚力量。

因此，面对制造业转型带来的广阔发展机遇，我国广大中小企业也应该行动起来，积极响应"中国制造2025""制造强国"等战略号召，结合自身的优势与特色，在垂直领域精耕细作，用充满创意和情感的产品与服

后 记

务打动消费者，与此同时，积极和优秀的企业协同合作，整合更多的优质资源，推动商业模式创新，挖掘新的利润增长点，实现多方共赢。

本书从创作到出版，历时两年的时间，可以说是融合了我在制造领域多年的观察思考与实践经验。在创作的过程中，我将部分书稿给许多同仁朋友看过，他们给我提供不少宝贵而中肯的建议，借此机会向他们表达我最真诚的谢意。

尤其感谢中国经济出版社的责任编辑张梦初和杨元丽。在本书创作的过程中，为确保书稿内容创作得更加全面和完善，两位老师给我提供了许多宝贵中肯的指导建议，感谢她们在本书出版过程中付出的努力！

最后，感谢我的太太和儿子，他们倾力的支持才能让本书得以顺利完成。创业多年来，我一直忙于事业，都是太太在背后默默地付出，任劳任怨地料理家务、照顾孩子的学习与生活；感谢我的儿子豆淙源，尽管高中课业紧张，但他还是抽出自己的课余时间帮我整理和校对文字。感谢他们对我的支持和理解，让我能一直做自己喜欢的事。

豆大帷

2019 年 7 月 10 日